Die Entwicklung

der

Deutschen Portland-Zement-Industrie

von ihren Anfängen bis zur Gegenwart mit
besonderer Berücksichtigung der Kartelle.

Von

Dr. Ernst Madelung.

Verlag von Duncker & Humblot.
München und Leipzig 1913.

Altenburg, S.-A.
Pierersche Hofbuchdruckerei
Stephan Geibel & Co.

Inhaltsverzeichnis.

I.

Einleitung.

Begriffserklärung der verschiedenen Arten hydraulischer Bindemittel, kurze Angaben über die Fabrikation des Portland-Zementes und seine Anwendungen.

Unter hydraulischen Bindemitteln versteht man pulverförmige Stoffe, die aus gewissen kalk- und tonhaltigen Gesteinen hergestellt sind und die Eigenschaft besitzen, mit Wasser angemacht an der Luft sowohl wie unter Wasser zu erhärten.

Schon die Römer verwandten zu ihren Wasserbauten einen hydraulischen Mörtel, der aus Kalk bestand, dem Puzzolane (pulv. Puteolanus von Puteoli, jetzt Puzzuoli in der Nähe des Vesuv) zugesetzt wurden[1]. Auch heute noch gibt es einen Zement, der nach dieser Puzzolanerde benannt ist: der Puzzolanzement; das ist ein Erzeugnis, welches durch innigste Mischung pulverförmiger Kalkhydrate mit staubfein zerkleinerten hydraulischen Zuschlägen gewonnen wird[2]. Unter solchen hydraulischen Zuschlägen versteht man natürliche oder künstliche Stoffe, welche nicht selbständig sondern in Verbindung mit Ätzkalk hydraulisch erhärten, z. B. Puzzolanerde, Satorinerde, Hochofenschlacken, gebrannte Tone usw., sowie aus geeignetem vulkanischem Tuff (Traßsteine) erzeugten Traß[2]. Hierher gehört also auch der sogenannte Schlackenzement. Obgleich, wie gesagt, schon im Altertum hydraulischer Mörtel be-

---

[1] Büsing und Schumann, S. 1.
[2] Protokolle des Vereins deutscher Portland-Zement-Fabrikanten, 1886, S. 32.

kannt war, so wußte man doch bis in die Mitte des 18. Jahrhunderts über sein Wesen gar nichts. Es war der englische Ingenieur John Smeaton, der im Jahre 1756 erkannte, daß diejenigen Kalksorten, welche nach dem Brennen einen in Wasser erhärtenden Mörtel lieferten, beim Auflösen in Salpetersäure stets einen Anteil von unlöslicher Masse zurückließen, den er ganz richtig für Ton und Sand erklärte. Wenn man nun auch wußte, daß der Tongehalt eines Kalksteines seine Fähigkeit im Wasser zu erhärten bedingt, so dauerte es doch noch lange, ehe man künstlichen, hydraulischen Kalk herstellte [1]. Heute versteht man darunter ein Erzeugnis, welches durch Brennen von mehr oder weniger ton- (oder kieselsäure-)haltigen Kalken gewonnen wird und, mit Wasser genetzt, sich ganz oder teilweise zu Pulver löscht [2]. Die besten Sorten wurden zunächst in England erzeugt und Romanzement genannt, wohl deshalb, weil sie ebenso guten Wassermörtel lieferten wie der Puzzolanmörtel der Römer. Dieser Zement wurde schon damals so stark gebrannt, daß er nicht mehr mit Wasser gelöscht werden konnte. Die heutige Benennung lautet daher: Romanzement ist ein Erzeugnis, welches aus tonreichen Kalkmergeln durch Brennen unterhalb der Sinterungsgrenze gewonnen wird und bei Netzung mit Wasser nicht löscht, sondern durch mechanische Zerkleinerung in Mehlform gebracht werden muß [2].

Die ersten Versuche, Zement durch Brennen einer künstlichen Mischung von Ton und kohlensaurem Kalk (Kreide) herzustellen, wurden in Frankreich zu Beginn des 19. Jahrhunderts gemacht, jedoch wurden diese Erfahrungen zunächst nicht ausgenützt. In England wurden seit dem Jahre 1810 mehrere Patente auf die Herstellung künstlichen hydraulischen Kalkes genommen, ohne daß damit zunächst viel Erfolg erzielt wurde. Erst im Jahre 1824 gelang es dem Maurer Joseph Aspdin zu Leeds durch Brennen einer bestimmten Mischung von gelöschtem Kalk und Ton bei sehr hoher Temperatur einen sehr guten

---

[1] Büsing und Schumann, S. 1.
[2] Protokolle des Vereins deutscher Portland-Zement-Fabrikanten, 1886, S. 32.

hydraulischen Kalk herzustellen, welchen er wegen seiner Ähnlichkeit in erhärtetem Zustande mit dem in England sehr beliebten Portlandstein Portlandzement nannte. Nach weiteren Versuchen des Generals Pasley entstanden gegen Ende der 20er Jahre in England die ersten Portland-Zementfabriken. Es kam nun darauf an, das, was man mehr zufällig gefunden hatte, wissenschaftlich zu untersuchen und auf chemischem Wege die richtige Mischung von Ton und Kalk auszurechnen. Diese Aufgabe wurde von Deutschen gelöst. Ihnen gelang es, eine Begriffserklärung für Portlandzement und Tabellen über seine chemische Zusammensetzung zu geben. Das Verdienst, eine einheitliche Benennung und einheitliche Normen für Portlandzement geschaffen zu haben, gebührt dem 1876 gegründeten Vereine deutscher Portland-Zement-Fabrikanten, der zum ersten Male 1878 solche Normen aufstellte, die dann 1887 und 1908 verändert und verschärft wurden. Die heute geltende Begriffserklärung für Portlandzement lautet: Portlandzement ist ein hydraulisches Bindemittel mit nicht weniger als 1,7 Gewichtsteilen Kalk (CaO) auf 1 Gewichtsteil lösliche Kieselsäure (SiO_2) + Tonerde (Al_2O_3), hergestellt durch feine Zerkleinerung und innige Mischung der Rohstoffe, Brennen bis mindestens zur Sinterung und Feinmahlen.

Ehe wir uns weiter mit dem Portlandzement beschäftigen, müssen wir noch zwei weitere Arten von Zement erwähnen: zunächst den Eisenportlandzement. Das ist eine Mischung von Portlandzement mit gemahlener Hochofenschlacke. Ferner gibt es noch den Naturzement, der in Belgien hergestellt wird, indem Kalksteinstücke, die 23—25 % Ton enthalten, gebrannt werden. Diese schwanken ziemlich stark in ihrem Kalkgehalte und sind außerdem von verschiedener Größe, so daß nur ein Teil bis zur Sinterung gebrannt wird, der andere aber als Romanzement den Ofen verläßt. Allen diesen hydraulischen Bindemitteln, die wir soeben kennen gelernt haben, ist nun der Portlandzement weit überlegen, vor allem deshalb, weil er die für ein Bindemittel wichtigste Eigenschaft, die Festigkeit, in höchstem Grade besitzt. Das liegt zunächst in seiner Natur und in seiner

1*

chemischen Zusammensetzung. Ein weiterer Grund für seine Güte ist darin zu suchen, daß gerade die Portland-Zement-Industriellen stets bemüht gewesen sind, durch wissenschaftliche Untersuchungen das Erreichte zu verbessern. Schließlich hat auch der Verein deutscher Portland-Zement-Fabrikanten, dem fast alle deutschen Portland-Zementfabriken angehören, durch seine Normen und chemischen Untersuchungen dafür gesorgt, daß die deutsche Portland-Zementindustrie ein Erzeugnis von ganz bestimmter und immer gleichbleibender Beschaffenheit liefern kann, und hat es erreicht, daß alle Fabriken sich verpflichtet haben, nur ein Erzeugnis in den Handel zu bringen, das genau festgetzte Mindestforderungen erfüllt, meist aber mehr leistet. Daraus ist es auch zu erklären, daß der Portlandzement seine Konkurrenzprodukte immer mehr verdrängt hat.

Bei der Fabrikation des Portlandzements hat man drei Hauptabschnitte zu unterscheiden: das innige Mischen von Kalk und Ton, das Brennen und das Zerkleinern bis zur Mehlfeinheit. Nur ganz ausnahmsweise finden sich in der Natur genügend innige Mischungen von Kalk und Ton, so daß der erste Fabrikationsprozeß fortfällt oder sich wenigstens darauf beschränkt, die Mischung zu korrigieren. Während für die beiden letzten Abschnitte der Fabrikation das Verfahren überall das gleiche ist, werden für die Aufbereitung der Rohmasse je nach deren Natur drei verschiedene Methoden angewandt, nämlich das Naß- oder Schlämmverfahren, das Trockenverfahren und eine Vereinigung beider: das Halbnaß- oder Halbtrockenverfahren. Beim Naßverfahren werden Kalk (Kreide) und Ton gemeinschaftlich oder getrennt durch Zusatz von Wasser zu einem Schlamm verarbeitet, dieser wird in Gruben geleitet, in denen er sich setzt und nach Ablaufen des Wassers eintrocknet; dann wird er vertikal abgestochen, getrocknet und gebrannt. Ist das Einschlämmen getrennt erfolgt, so muß vor dem Brennen erst eine innige Mischung von Kalk und Ton herbeigeführt werden. Dieses Verfahren hat den Zweck, gewisse grobe Teile, z. B. Sand, Kies, die den Zement verunreinigen und seine Festigkeit mindern würden, auszusondern und außerdem eine innige Mischung von Kalk und Ton herbeizuführen. Es ist das älteste und in Deutschland am wenigsten verbreitete; es wird jetzt nur noch für Kreide und unreinen Kalkstein oder Ton angewandt. Seine Nachteile bestehen in der Hauptsache darin, daß ein Fehler in der Mischung, der durch ungleichmäßige Sedimentierungen infolge des verschiedenen spezifischen Gewichtes von Kalk und Ton entstehen kann, nur schwer wieder gut gemacht werden kann. Das geschieht durch Aufschlämmen von Kalk oder Ton in der Grube; es ist dann nicht leicht, die neu hinzugekommene Schlämme mit der alten überall gleichmäßig durchzumischen. Ferner muß das Klima günstig sein, um den Schlamm schnell eintrocknen zu lassen, dann wird für die Gruben viel Raum gebraucht und schließlich sind für das Abstechen des getrockneten Schlammes viel Menschenkräfte nötig, da sie sich hierbei nicht durch Maschinen ersetzen lassen. Außerdem dauert das Eintrocknen auch bei günstigem Klima sehr lange, so daß viel Kapital im Schlamme festgelegt wird.

Das Trockenverfahren besteht darin, Kalksteine und Ton zu trocknen und entweder zusammen oder getrennt zu einem feinen Pulver, dem Rohmehl, zu vermahlen. Dieses wird mit Wasser genetzt und zu Ziegelsteinen geformt, die dann getrocknet und gebrannt werden. Am besten und rationellsten sind die modernen Trockentrommeln, weil sich in ihnen das Rohmaterial mit dem denkbar geringsten Aufwande an Brennmaterial, Kraft, Raum und Zeit trocknen läßt. Hierbei ist es nötig, den Kalk und Ton vor dem Trocknen zu zerkleinern. Von den Trockentrommeln gelangt das Material in Silos, wo es zunächst aufgespeichert wird, wodurch erreicht wird, daß man mit dem folgenden Produktionsprozeß von etwaigen Störungen beim Trocknen unabhängig wird. Man kann nun je nach der Natur der Rohmasse den Kalkstein und Ton entweder in grubenfeuchtem Zustande portionsweise zusammenwiegen und dann gemeinschaftlich zerkleinern und trocknen oder jeden der Teile für sich vorbrechen und trocknen und nun noch nach der Ablagerung in den Silos zusammenwiegen, wobei mittelst automatischer Wagen genau das richtige

Verhältnis von Kalk und Ton hergestellt wird. Hierauf folgt
das Durchmischen des vorgebrochenen und getrockneten Gutes
und das Feinmahlen zu Rohmehl. Dieses Verfahren ist in
Deutschland am meisten verbreitet.

Beim Halbnaß- oder Halbtrockenverfahren wird meist nur
der Ton, der gewöhnlich der sandhaltigere Teil der beiden Roh-
materialien ist, eingeschlämmt. Der Kalkstein wird dann dem
Tonschlamm als feines Trockenpulver zugemischt. Zu erwähnen
ist noch, daß bei allen kontinuierlichen Brennofensystemen mit
Ausnahme des Drehrohrofens das Rohmehl vor dem Brennen in
die Form von Ziegelsteinen gebracht werden muß, damit die
Rohmasse so eingesetzt werden kann, daß dem nötigen Zuge
während des Brandes kein Hindernis entsteht. Diese Ziegel
müssen vor dem Brennen noch von dem Wasser befreit werden,
das man der Rohmasse zum Formen zugesetzt hat.

Wir kommen nun zu dem zweiten Hauptabschnitte in der
Fabrikation des Portlandzementes, dem Brennen. Der Zweck
ist ein vollständiges Aufschließen der Silikate und eine enge
Verbindung mit dem Kalk, so daß sich in dem fertigen Brenn-
gute kein freier Kalk mehr findet. Bei dem Brennprozesse wird
zunächst bei einer Glut von ungefähr 600° C die Kohlensäure
aus dem Kalk entfernt. Auf diese Weise entsteht Ätzkalk [1], der
auf die Tonkomponenten aufschließend wirkt. Die Sinterung,
d. h. das Zusammenschweißen des Ätzkalkes mit den Silikaten
tritt dann bei einer Glut von 1350—1600° C ein [2]. Dieser ganze
chemische Vorgang ist für die Güte des Portlandzementes von
großer Bedeutung, weshalb auf einen geeigneten Brennofen stets
großes Gewicht gelegt worden ist. Es kommt natürlich nicht
allein darauf an, daß in ihm die chemische Umwandlung des
Rohmaterials möglichst vollkommen erreicht wird, sondern auch
darauf, daß bei einem möglichst geringen Verbrauch an Brennmaterial möglichst viel von einem Ofen geleistet wird.

---

[1] Schoch, Die moderne Aufbereitung der Mörtelmaterialien, Berlin 1904,
S. 192.

[2] A. a. O. S. 186.

Die ersten Öfen, in denen Portlandzement gebrannt wurde, waren Schachtöfen mit ununterbrochenem Brande. Diese sind jedoch heute wegen ihres hohen Brennstoffverbrauches und ihrer umständlichen und daher teueren Bedienung ganz veraltet und außer Gebrauch gekommen. Man benutzt heute im allgemeinen nur noch Öfen mit ununterbrochenem Betriebe. Drei Ofenkonstruktionen sind es, die am häufigsten Anwendung finden. Zunächst der Ringofen von Friedr. Hoffmann, der schon seit etwa 50 Jahren in der Ziegelindustrie allgemein eingeführt ist und seit etwa 40 Jahren auch in der Zementindustrie Verwendung findet [1]. Er besteht im wesentlichen aus einem in sich selbst zurücklaufenden Brennkanal, in den der zu Ziegeln geformte Rohzement eingesetzt wird. Von dem Brennkanale führen Rauchabzüge nach dem Rauchsammler, der mit einem Schornstein in Verbindung steht. An der Mündung der Rauchabzüge sind Ventile zur Regulierung des Zuges angebracht. Die Decke des Brennkanales ist gewölbt und enthält die Heizlöcher. Durch Scheidewände aus Papier wird der ganze Brennkanal, an dessen Seitenwand sich Öffnungen zum Hinein- bzw. Herausschaffen der Rohmasse bzw. des Brenngutes befinden, in eine Anzahl von Kammern zerlegt. Ein System solcher Kammern steht miteinander in Verbindung, so daß das Beschicken des Ofens mit roher Masse, das Brennen, Abkühlen und Leeren zu gleicher Zeit erfolgen kann. In der einen Kammer werden die Rohziegel aufgeschichtet, in der nächsten wird die Rohmasse durch die Hitze, die der dritten Kammer entströmt, in der das Material in Weißglut sintert, vorgewärmt, während der Zement in einer weiteren abgekühlt und schließlich in der letzten herausgehauen wird. Die bei der Abkühlung ausströmende Hitze wird zum Vorwärmen und Erhitzen der Speiseluft für das Feuer benutzt. Auf diese Weise wird also die Heizluft und damit das Brennmaterial möglichst ausgenützt. Der Verbrauch an letzterem beträgt 28—33 kg pro Faß [2].

---

[1] Heusinger v. Waldegg, S. 201.
[2] A. a. O. S. 201.

Neben diesem großen Vorzuge weist der Ringofen noch eine
große Leistungsfähigkeit auf.

Der zweite Ofen mit ununterbrochenem Brande ist der Etagenofen von Dietzsch. Dieser Ofen besteht aus vier Abteilungen:
dem Schürherd, dem Vorwärmer, dem Schmelz- und dem Kühlraume. Der letztere dient zur Aufnahme des gebrannten Zementes.
Über ihm befindet sich der Schmelzraum, in dem die Rohmasse
bis zur Sinterung gebrannt wird. Er ist oben gewölbt und
mündet in einen Kanal, in dem das Feuer nach dem Vorwärmer
abzieht. In diesem Kanale befindet sich auch der Schürherd.
Ist der obere Inhalt des Schmelzraumes gar, so wird aus dem
Kühlraume soviel fertiger Zement entfernt, als oben sinken
soll; dadurch wird ein Teil des Schmelzraumes frei, in den
nun durch die Feuertüren über dem Schürherd Brennmaterial
nachgeschüttet wird, während die im Vorwärmer vorgeglühte
Masse mit eisernen Hacken nachgezogen und über die Fläche
des Schmelzraumes verebnet wird. Wir sehen also, daß auch
bei diesem Ofen das Prinzip, die erzeugte Wärme möglichst
auszunutzen und dadurch an Brennmaterial zu sparen, angewendet
ist. Für ein Faß sind 23—27 kg Kohlen erforderlich[1]. Hermann
Schmidt in Bonn hat noch einige Verbesserungen an dem Etagenofen vorgenommen, um das Herausschlagen der Flammen aus
den Feuertüren zu verhindern. Dieser Ofen hat wohl unter allen
Ofenarten die weiteste Verbreitung gefunden und ist dem etwas
älteren Ringofen ein erfolgreicher Konkurrent gewesen. Aus der
Praxis hat sich ergeben, daß sich für gewisse Verhältnisse der
Etagenofen, für andere der Ringofen besser eignet.

Das modernste aller Ofensysteme ist der Drehrohrofen, der
am meisten dem Grundsatze: Verkürzung des Fabrikationsprozesses und möglichste Vermeidung jeglicher Handarbeit gerecht
wird. Die soeben beschriebenen kontinuierlich arbeitenden Öfen
erfordern eine Brenndauer von 8—20 Stunden; hierzu kommt
noch die Zeit, welche auf das Verziegeln und die meist noch

---

[1] Heusinger v. Waldegg, S. 206.

notwendige künstliche Trocknung der Ziegel bezw. beim Ringofen für das Einsetzen der Ziegel in die Kammer zum Abkühlen des Einsatzes aufgewendet wird und mit mindestens 24 Stunden bis zu acht Tagen veranschlagt werden muß. Dagegen vergeht vom Eintritte der Rohmasse in den Drehofen bis zum Austritte des Klinkers nur eine Stunde [1]. Während die Ergebnisse des stationären Brennofens von der Geschicklichkeit und Zuverlässigkeit vieler Hände abhängig sind, ist diese Brennmaschine nur einem einzigen geschulten Arbeiter unterstellt. Der Verbrauch an Brennstoffen ist freilich höher als bei den oben beschriebenen Öfen. Wie jeder Fortschritt in der Technik erfolgt auch die Einführung des Drehofens erst dann, wenn sie durch einen wirtschaftlichen Vorteil begründet ist, d. h. wenn die Ersparnis an Arbeitslöhnen und die Verkürzung des Fabrikationsprozesses den Mehrverbrauch an Brennstoffen überwiegen. Bei sehr hohen Kohlenpreisen und sehr niedrigen Arbeitslöhnen kann es vorteilhafter sein, bei den älteren Systemen zu bleiben. Bei uns in Deutschland hat sie der Drehofen schon größtenteils verdrängt.

Drehrohröfen, auch kurz Drehöfen genannt, wurden schon seit langer Zeit für verschiedene Zwecke verwandt. In der Portland-Zementindustrie führte ihn zuerst der Engländer Frederik Ransomes im Jahre 1885 ein [2]. Sein Ofen war jedoch wenig zweckmäßig, verursachte große Kosten und lieferte ein ungleichmäßiges Produkt. Zur selben Zeit wurde in Northampton, Pennsylvania die Atlas-Zement-Company gegründet, die infolge der dortigen billigen Kohle und hohen Löhne sehr viel Interesse an der Konstruktion eines guten Drehofens hatte. Sie veranlaßte eine ganze Reihe von Konstruktionen und probierte diese aus, bis schließlich der Ofen von Hurry & Seaman entstand [3]. In Deutschland beschäftigte man sich erst viel später mit dem Drehofen. C. v. Forell [4] veranlaßte den Bau des ersten deutschen Drehofens in der Zementfabrik

---

[1] Heusinger v. Waldegg, S. 206.
[2] A. a. O. S. 27.
[3] A. a. O. S. 207.
[4] A. a. O. S. 210.

Lollar. Nachdem dieser zur Genüge ausprobiert war, trat er alle seine Rechte an ein Konsortium ab, das Anfang 1899 die Brennöfenbauanstalt G. m. b. H. in Hamburg[2] gründete. „Der Drehofen dieser Gesellschaft besteht aus zwei schwach geneigten Trommeln, deren eine zum Brennen, deren andere zum Kühlen dient. Die erstere, oben gelegene, ist mit feuerfesten Steinen ausgefüttert und ist länger und weiter als die untere. Die Trommeln liegen mit ihren Laufringen frei auf mehreren Rollenpaaren und werden mittels eines Zahnkranzes angetrieben. In denselben greift ein Rädervorgelege ein. Das obere Ende der Brenntrommel steckt mit einem schmalen Spielraume in einem gemauerten Kopfe, der zum Abführen der Heizgase mit einem Schornstein verbunden ist. Durch den Mauerkopf ragt in die Trommel hinein das Zuführungsrohr für das Rohgut"[1]. Das trocken aufbereitete Rohmehl wird etwas angefeuchtet, um den Staub zu mindern. Beim Naßverfahren enthält der Schlamm ca. 40 % Wasser. „Das in die Brenntrommel gebrachte Rohgut rückt allmählich infolge der langsamen Drehung der Neigung folgend vor, der am anderen Ende befindlichen Feuerung entgegen, und erwärmt sich stufenweise"[2]. Am Ende der Brenntrommel fällt der Klinker in die Kühltrommel. Durch diese wird ein Luftstrom gesaugt, der sich beim Kühlen der Klinker selbst erwärmt und dann als Brennluft für den Kohlenstaub verwendet wird, mit dem die Brenntrommel geheizt wird. Von der Kühltrommel kann der Klinker auf Transportband in die Zementmühle gebracht werden. Also auch beim Drehofen findet die größtmögliche Ausnutzung der einmal erzeugten Hitze statt. Da man im Drehofen jeden Hitzegrad erzeugen kann, ist es möglich, in ihm aus jeder Rohmasse, die in irgend einem anderen Ofen eine gute Ware liefert, einwandfreien Portlandzement herzustellen. Der Verbrauch von Kohlen beträgt beim Trockenverfahren 34—42,5 kg, beim Naßverfahren 50—59,5 kg pro Faß[3]. Der

---

[1] Aus Heusinger v. Waldegg, S. 210.
[2] A. a. O. S. 210.
[2] Heusinger v. Waldegg, S. 213.

Kohlenverbrauch ist also größer als bei den erstgenannten Öfen, doch ist dabei zu bedenken, daß das Brennen im Drehofen ganz bedeutend schneller vor sich geht und außerdem nur sehr wenig Arbeiter gebraucht werden; es genügen für je zwei Öfen vier Mann pro Schicht [1].

Ist der Zement fertig gebrannt und gekühlt, so bleibt nur das Zerkleinern bis zur Mehlfeinheit übrig, um ihn zum Versand fertig zu machen. Er wird zunächst vorgebrochen, dann fein geschrotet und schließlich zu einem ganz feinen Mehl vermahlen. Das fertige Produkt wird in Silos bis zum Versande aufgespeichert; dieses Lagern hat noch den Vorteil, auf die Volumenbeständigkeit günstig einzuwirken.

Die Vorzüge des Portlandzementes vor anderen Mörtelstoffen bestehen zunächst darin, daß er beim Lagern sehr haltbar ist. Er besitzt ferner eine sehr starke Erhärtungsfähigkeit und erlangt im Wasser und an der Luft sehr bald eine sehr große Festigkeit, während andere Bindemittel sehr viel länger dazu brauchen, wenn sie überhaupt einen so hohen Grad von Festigkeit erreichen. Daher kann dem Zement auch mehr Sand zugesetzt werden als anderen Mörtelstoffen. Im Vergleiche zu anderen hydraulischen Bindemitteln in gleichfeinem Zustande besitzt er eine größere Festigkeit, Wasserdichtigkeit und Haftfähigkeit am Steine. Wenn man die Feinheit der Mahlung bei dem Vergleiche nicht berücksichtigt, so überragt er andere Mörtelstoffe mit derselben Zugfestigkeit an Druckfestigkeit. Gegen äußere Einflüsse ist er am widerstandfähigsten, er weist eine große Volumenbeständigkeit und Wetterfestigkeit auf. Muß man Arbeiten bei Frost ausführen, so verwendet man am sichersten Mörtel aus Portlandzement.

Früher wurde Portlandzement hauptsächlich nur für Wasserbauten angewendet, während heute wohl ein sehr großer Teil der Produktion bei Hochbauten verbraucht wird. Wird doch heute bei fast allen Bauten dem Kalkmörtel etwas Zement zu-

---

[1] Heusinger v. Waldegg, S. 214.

gesetzt. Auf dem Gebiete der Wasserbauten findet er seine Anwendung bei Bauten unter Wasser, bei Betonbauten wie Hafendämmen, Talsperren, Behälter für Wasser und andere Flüssigkeiten. Die Hauptvorzüge der Herstellung in Beton sind: Schnelligkeit des Bauens, Wasserdichtigkeit und geringere Kosten. Sehr viel Portlandzement wird ferner durch die Verwendung von Betonröhren bei der Kanalisation der Städte verbraucht. Die Vorzüge des Betonrohres gegenüber dem gebrannten Tonrohre liegen an der größeren Masse und Genauigkeit der Form, wodurch eine sichere Lage und genaue Einhaltung der Gefälle erreicht wird, ferner in der besseren Anpassung an den zeitlichen Wechsel in der Wasserführung, da Profilformen und Weiten unbeschränkt sind, schließlich in der größeren Sicherheit gegen das Zerdrücktwerden. Ähnlich ist es bei den Straßen- und Hofeinlässen und den Einsteigeschächten. Der Beton findet heute noch bei vielen anderen Gegenständen Verwendung, die hier nicht alle genannt werden können.

Auch im Straßenbau wird viel Zement verwendet. Bei Asphalt und Holzpflaster wird die Unterbettung aus Beton hergestellt, bei wasserdichtem Pflaster aus Holz oder Stein werden die Fugen mit einem dünnen Zementguß ausgefüllt, Bürgersteige werden mit Beton belegt und mit Zement bestrichen.

Beim Brückenbau spielt der Beton eine sehr große Rolle. Während man ihn früher nur zur Pfeilergründung benutzte, gibt es heute sehr viele Brücken, die ganz aus Beton hergestellt sind. Ebenso wird bei Tunnelüberwölbungen Beton benutzt.

Am größten ist die Zahl der Verwendungszwecke des Portlandzementes wohl beim Hochbau. Man will heute möglichst rasch bauen, ferner den nutzbaren Innenraum im Verhältnisse zu den Mauern und Wänden möglichst vergrößern. Der Zementmörtel ist aber das Mittel, um die Festigkeit der Mauern und Wände zu erhöhen. Weiter ist er geeignet, an den Häusern Schmuckteile anzubringen, besonders da er ihre Herstellung in großer Mannigfaltigkeit auf Vorrat erlaubt.

Auch Wandputz aus Portlandzement ist sehr verbreitet. Bei

Zwischendecken ist seine Verwendung sehr zweckmäßig, weil dann die Feuersicherheit sehr groß ist und die Decke bei geringer Dicke eine große Tragfähigkeit besitzt. Für Dächer, Dachplatten, Treppenanlagen, Fußböden im Innern der Gebäude in Form des einteiligen Estriches oder von Platten und Fliesen wird ebenfalls viel Zement gebraucht.

Für die Herstellung von Maschinenfundamenten ist der Portlandzement sehr wichtig, weil mit seiner Hilfe auch die verwickeltsten Formen und alle Durchbrechungen, die aus Natursteinen oft gar nicht, aus Ziegelsteinen nur schwer herstellbar sind, geschaffen werden können.

Große Bedeutung hat das Verfahren, zum Kalkmörtel Zement zuzusetzen, erlangt, weil dadurch das Abbinden und Erhärten schneller vor sich geht, das Mauerwerk an Festigkeit gewinnt und das Schwinden des Mörtels vermindert wird. Es wird auch umgekehrt zum Zementmörtel Kalk zugesetzt. Durch beide Verfahren werden die Baukosten verbilligt.

Eine vollständige Übersicht über die Verwendungsmöglichkeiten des Portlandzementes zu geben, würde hier zu weit führen. Es kommt nur darauf an, die wichtigsten zu erwähnen. Selbstverständlich hat sich das Verwendungsgebiet des Portlandzementes erst allmählich zu seiner heutigen Größe entwickelt, wobei das Aufkommen und die Verbreitung der Betonbauweise eine große Rolle gespielt haben.

II.

Die Entwicklung der deutschen Portland-Zementindustrie bis zur Krise der Jahre 1901/02.

Wie schon in der Einleitung erwähnt worden ist, wurden Ende der 20 er Jahre des vorigen Jahrhunderts in England die ersten Portland-Zementfabriken ins Leben gerufen. Von da an beherrschte nun die englische Industrie lange Zeit hindurch vollständig den Markt. Erst viel später, Anfang der 50 er Jahre, ging man auch in Deutschland an die Fabrikation von Portlandzement, während Romanzement schon früher produziert worden war. Die Anfänge der Portland-Zementindustrie knüpfen sich an den Namen des Dr. Bleibtreu, der Ende 1852 aus England zurückkehrte, wo er sich auch schon für die Herstellung von Portlandzement interessiert hatte. Er war aber wohl nie in einer englischen Fabrik gewesen, was daraus zu erklären ist, daß die Engländer ihr Geheimnis der Portland-Zementfabrikation auf das Sorgfältigste hüteten. Er brachte den Text des Aspdinschen Patentes mit und kannte aus der Analyse der englischen Marken die chemische Zusammensetzung des fertigen Produktes. Er bewog nun den Konsul P. Guticke in Stettin, ihm die Mittel für die technischen Versuche zu geben, der Ende 1852 die ehemalige königliche Festungsziegelei erwarb. Die nötige Rohmasse lieferte der Septarienton an der unteren Oder und die Kreide auf der Insel Wollin. 1853 wurde dann ein größerer Zementofen aufgestellt. Die ersten Versuche zeitigten jedoch kein sehr gutes Ergebnis, die Fabrikationsweise war sehr schwierig und unbequem und erforderte große Kosten besonders für Brennstoffe. Aber Bleibtreu verlor den Mut nicht und setzte unermüdlich seine Versuche fort. Im Frühjahre 1854 wollte Guticke seine Hand von den Versuchen zurückziehen und die Ziegelei wieder verkaufen, da er schon viel Geld hineingesteckt hatte und sich keinen Erfolg versprach. Glücklicherweise kam aber eine Aktiengesellschaft zustande und schon im Herbste 1855 wurde der Betrieb der neuerbauten Fabrik begonnen. Das Aktienkapital betrug ursprünglich 125 000 [1] Taler, die nicht leicht aufzubringen waren, da man dem Unternehmen keine große Zukunft zutraute in der Annahme, daß es die beabsichtigten 25 000 Faß im Jahre nicht würde absetzen können. Die erste Anlage entsprach jedoch nicht den Anforderungen, sie leistete zu wenig, außerdem war die Produktion sehr teuer, da für die Fabrikation sehr viel an Lohn und besonders an Brennstoffen gebraucht wurde. Auch nützten sich die Transmissionen und Arbeitsmaschinen sehr rasch ab. Das Aktienkapital, das für den Bau ganz verbraucht worden war, wurde nun auf 175 000 [2] Taler erhöht. Nachdem Bleibtreu diese Fabrik gebaut und eingerichtet hatte, verließ er Stettin, sein Nachfolger wurde Delbrück, dieser war nun ebenso wie sein Vorgänger unermüdlich bestrebt, durch Versuche auf wissenschaftlicher Grundlage den Betrieb rentabler zu gestalten, vor allem an Brennstoffen und Löhnen zu sparen und die Maschinen besser auszunützen. Ferner drang er durch chemische Untersuchungen immer tiefer in die Erkenntnis der Natur des Portlandzementes ein und suchte so sein Produkt zu verbessern und die Leistung der Fabrik zu erhöhen. Schon 1857 konnten bei einer Produktion von 33 331 Faß 10 % Dividende verteilt werden [3]. Von Stettin aus ging Bleibtreu nach Westdeutschland, wo unter seiner Leitung im Jahre 1856 [4] die Portland-Zementfabrik des Bonner Bergwerks- und Hüttenvereins in Oberkassel bei Bonn errichtet wurde. Jetzt entstanden

---

[1] Goslich, Geschichte der Stettiner Portland-Zementfabrikation 1855 bis 1905, S. 2.
[2] A. a. O. S. 7.
[3] A. a. O. S. 9.
[4] Dr. May, Die bayrische Zementindustrie 1909, S. 9.

auch an anderen Orten in Deutschland Portland-Zementfabriken.
Bald nach der Stettiner Fabrik ging auch die Zementfabrik von
Brunkhorst und Krogmann in Buxtehude, Prov. Hannover, zur
Portland-Zementfabrikation über, während sie früher nur Romanzement hergestellt hatte, was sie noch bis in die 60 er Jahre fort-
setzte. 1856 [1] gründete ein Konsortium Hamburger Kapitalisten
in Oppeln in Schlesien eine Portland-Zementfabrik, die an W.
Grundmann verpachtet wurde. 1862 ging die Fabrik in den
alleinigen Besitz Grundmanns über. 1872 wurde sie in eine
Aktiengesellschaft umgewandelt und mit der von H. Pringsheim
1865/66 erbauten Fabrik in Kgl. Neudorf bei Oppeln vereinigt.
Ferner wurde 1860/61 [2] eine Fabrik in Mannheim und 1861 [3] die
der Gebrüder Heyn in Lüneburg errichtet. Das waren die ersten
deutschen Portland-Zementfabriken. Die Bedingungen, die an
einem Orte erfüllt sein müssen, wenn man eine Portland-Zementfabrik mit Aussicht auf guten Erfolg errichten will, bestehen
natürlich zunächst in dem Vorhandensein von geeigneten Roh-
materialien in genügender Menge. Man muß dabei nicht nur
ihre chemische Zusammensetzung berücksichtigen, sondern auch
ihre physikalischen Eigenschaften, die die Verarbeitung nicht
allzu sehr erschweren dürfen. Man muß ferner darauf achten,
daß die Rohstoffe möglichst zu Tage liegen, damit ihre Ge-
winnung nicht zu teuer wird. Schließlich muß man auf den
Preis der Brennstoffe einschließlich Transportkosten bis zur
Fabrik und auf die Arbeitslöhne und Arbeitsverhältnisse überhaupt sehen. Daß vor allen Dingen ein genügender Absatz vorhanden sein muß, erscheint wohl als selbstverständlich, und doch
ist gerade dieser Punkt im Laufe der Entwicklung der deutschen
Portland-Zementindustrie zu ihrem großen Schaden nicht genügend beachtet oder gänzlich ungerechtfertigter Weise viel zu
günstig beurteilt worden.

---

[1] Friedrich, Schlesiens Ind. unt. d. Einfl. d. Capriv. Handelspol. 1899—1900,
Berlin 1902.

[2] Mohr, Die deutsche Zementindustrie, Schmollers Jahrb. 1902, S. 1192.

[3] Hirschfeld, Hannov. Großindustrie im Großhandel 1891.

Anfangs war es sehr schwer, gegen die Konkurrenz des englischen Portlandzementes anzukämpfen, da das Publikum irrtümlicherweise das deutsche Fabrikat für minderwertig hielt. Doch trat hier bald eine Änderung ein. Die Ursachen dafür liegen zunächst darin, daß die deutschen Zementindustriellen fortwährend bemüht waren, durch Versuche und Prüfungen ihrer Ware auf wissenschaftlicher Grundlage diese zu verbessern und ein möglichst vollkommenes Produkt herzustellen, während man in England im Vertrauen auf die alte Monopolstellung auf dem früher erreichten Punkte stehen geblieben war. Außerdem war der Preis für englischen Portlandzement sehr hoch, so daß sich bei etwas niedrigerem Preise für das deutsche Produkt und gleichmäßiger Güte leicht genügend Absatz erreichen ließ. Besonders für die Stettiner Fabrik trat noch ein sehr kritischer Zeitpunkt ein, als nämlich ihr Zement, der bis dahin ebenso wie der englische schnell abgebunden hatte, plötzlich aus bis heute noch unerklärlichen Gründen langsam bindend wurde. Das brachte ihn zunächst in Mißkredit, doch Delbrück wies durch Festigkeitsproben nach, daß der langsam bindende Zement eine weit größere Festigkeit erreicht, wie der schnell bindende. Sehr wichtig war ferner, daß der deutsche Portlandzement auf der internationalen Industrieausstellung in London im Jahre 1862 eine erste Auszeichnung erhielt, wodurch die deutschen Konsumenten endgültig davon überzeugt wurden, daß die deutsche Ware der englischen in ihrer Qualität in keiner Weise nachstand. Nun entstanden immer mehr Portland-Zementfabriken, doch der Bedarf an Zement stieg dauernd, und trotz der Neugründungen konnte die Nachfrage nicht befriedigt werden. Der wirtschaftliche Aufschwung nach dem Kriege 1870/71 machte sich auch in der Zementindustrie geltend, so daß gerade in dieser Zeit sehr viele Neugründungen vorgenommen und die alten Fabriken vergrößert wurden. Wie gut in dieser Zeit die Geschäftslage der Portland-Zementindustrie war, kann man aus einigen Daten ersehen, die Dr. Goslich in seiner Geschichte der Stettiner Portland-Zementfabrik über diese gegeben hat. Danach wurden in den 60 er

Jahren 30—40 % Dividende verteilt, 1876 nach reichlichen Abschreibungen ebenfalls 40 % Dividende. Alle Neuanlagen und
Grundstücksankäufe wurden aus vorhandenen Mitteln gemacht.
1879 hatte sich ein solches Mißverhältnis zwischen dem Aktien-
kapitale und dem Fabrikwerte herausgebildet, daß ohne Kapital-
zuzahlung neue Aktien ausgegeben wurden. Selbstverständlich
hatten zu diesem günstigen Ergebnisse auch Verbesserungen in
der Technik der Fabrikation beigetragen.

Nach den Protokollen des Vereins deutscher Portland-Zement-
Fabrikanten, der 1877 gegründet wurde, gehörten ihm 1879
bereits 33 Fabriken an; diese Zahl dürfte mit der der damals in
Deutschland überhaupt vorhandenen Portland-Zementfabriken
ziemlich identisch sein, da dem Vereine von Anfang an stets
alle deutschen Fabriken mit nur ganz wenigen Ausnahmen an-
gehört haben.

Was ihre örtliche Verteilung anbelangt, wofür natürlich das
Vorkommen der Rohstoffe maßgebend ist, so hatten sich schon
damals folgende Produktionsgruppen gebildet: 1. Die Stettiner,
2. die schlesische, 3. die märkische, 4. die sächsische (mitteldeutsche), 5. die unterelbische, 6. die hannoversche, 7. die
rheinisch-westfälische, 8. die süddeutsche Gruppe. Diese Verteilung besteht heute noch. Die mitteldeutsche und hannoversche
Gruppe waren damals noch sehr klein und die süddeutsche
erstreckte sich noch nicht auf Bayern, wo damals noch kein
Portlandzement, sondern nur Romanzement produziert wurde.

Bevor wir die Entwicklung der deutschen Portland-Zementindustrie weiter betrachten, wollen wir uns etwas mit dem Vereine deutscher Portland-Zementfabrikanten befassen, der für sie
von großer Bedeutung gewesen ist. Dieser Verein ist hervor-
gegangen aus dem Vereine für Fabrikation von Ziegeln, Tonwaren, Kalk und Zement und wurde im Jahre 1877 auf An-
regung des Dr. Delbrück gegründet. Der Zweck war zunächst,
Normen für die Lieferung und Prüfung von Portlandzement auf-
zustellen, um diesen vor minderwertigen Konkurrenzprodukten
zu schützen. Ferner sollte den Mitgliedern zur Pflicht gemacht

werden, nur eine gleichmäßige und gute Ware zu produzieren. Durch chemische und technische Untersuchungen sollte die Qualität des Portlandzementes gehoben und seine Fabrikation verbessert werden, wobei man von der richtigen Erkenntnis ausging, daß nur durch wissenschaftliche Forschungen die chemische Zusammensetzung und die Eigenschaften des Portlandzementes erkannt werden, daß nur so und nicht auf empirischem Wege der frühere Beherrscher des Marktes, der englische Zement, dauernd aus dem Felde geschlagen werden könnte. Der Verein trug zunächst den Namen „Verein deutscher Zementfabrikanten"; es konnten in ihm alle deutschen und außerdeutschen Zementfabrikanten aufgenommen werden. Mit wirtschaftspolitischen Fragen hat sich der Verein im allgemeinen nicht befaßt, es fanden nur Besprechungen über die Unfallversicherung und die Zollverhältnisse statt. Die Kartellfrage wurde zwar zu Anfang der neunziger Jahre öfter angeschnitten, doch lehnte es der Vorstand bald ab, zu diesen Fragen eine bestimmte Stellung einzunehmen, um die Einigkeit in dem Vereine nicht zu stören. In der Tat sind die wirtschaftlichen Interessen der verschiedenen Mitglieder von jeher verschieden gewesen, so daß Erörterungen über wirtschaftspolitische Dinge sicher eine Spaltung unter ihnen, wenn nicht gar die Auflösung des Vereins zur Folge gehabt hätten. Daher hat sich der Verein immer auf die Erfüllung des oben genannten Zweckes beschränkt und dabei große Erfolge errungen. Schon im Jahre 1878 wurden die ersten Normen zur Lieferung und Prüfung von Portlandzement aufgestellt und von fast allen Portland-Zementfabrikanten Deutschlands anerkannt. Ferner wurden sie vom deutschen Architektenvereine, dem Vereine „Berliner Baumarkt" und dem Vereine für Fabrikation von Ziegeln und Tonwaren, Kalk und Zement bestätigt. Durch Erlaß des preußischen Ministeriums für Handel, Gewerbe und öffentliche Arbeiten wurde dann bestimmt, daß die Normen mit unwesentlichen Abänderungen bei der Prüfung von Portland-Zementlieferungen an die demselben unterstellten Behörden zur Anwendung kommen sollten. Dem schlossen sich bald auch andere

Ministerien an in allen Bundesstaaten, und vom Jahre 1880 ab konnte man mit Recht diese Normen als deutsche bezeichnen. Eine große Genugtuung für den damals noch jungen Verein war es, daß sich die größte Autorität in England auf diesem Gebiete, Mr. Grant, mit allen wesentlichen Punkten einverstanden erklärte und zwar abweichend von den bisher in England bestehenden Prinzipien[1]. Durch die Normen wurde das Vertrauen des Publikums auf den deutschen Portlandzement wesentlich gestärkt. Es wurde ferner erreicht, daß bei Submissionen mehr Rücksicht auf den Wert des Produktes genommen wurde, was bis dahin noch garnicht der Fall gewesen war. Die Güte des Portlandzementes wurde verbessert, schon in den nächsten Jahren bemühten sich die Fabriken, die Anforderungen der Normen zu übertreffen.

Seit dem Jahre 1882 wurde vielfach Portlandzement, der mit gemahlener Schlacke gemischt war, als reiner Portlandzement verkauft. Dadurch kamen die Fabriken, die keine Mischung vornahmen, bedeutend in Nachteil, da das gemischte Produkt bedeutend billiger war als der reine Portlandzement. Es ließ sich jedoch zunächst nichts dagegen tun, denn der gemischte Zement genügte den Normen und eine Begriffserklärung für Portlandzement gab es noch nicht. Es wurde daher eine Revision der Normen beschlossen und zunächst eine Resolution gefaßt, nach der alle Beimischungen zum Portlandzement als Fälschungen zu betrachten seien mit Ausnahme solcher Zusätze bis zu 20 %, die dem Portlandzement gewisse Eigenschaften erteilen, wie z. B. Gips, der die Abbindezeit verlängert. Untersuchungen über die Frage, ob gemischter Portlandzement besser sei als ungemischter oder nicht, bestätigten das letztere und man kam zu folgender Begriffserklärung: Portlandzemente sind Erzeugnisse, welche aus Kalkmergeln oder künstlichen Mischungen ton- und kalkhaltiger Stoffe durch Brennen bis zur Sinterung und darauffolgender Zerkleinerung bis zu Mehlfeinheit gewonnen

---

[1] Protokolle des Vereins deutscher Portland-Zement-Fabrikanten 1881, S. 5.

werden[1]. Damit nun der gemischte Portlandzement dem reinen Portlandzement bei Submissionen nicht vorgezogen wurde, erließ der Verein im Jahre 1886 neue verschärfte Normen, die 1888 alle deutschen Ministerien angenommen hatten. Es wurde im Vergleich zu den alten Normen die Feinheit der Mahlung und die Minimaldruckfestigkeit erhöht und die Prüfung der Zugfestigkeit überhaupt neu eingeführt, ein Beweis für die Fortschritte, die die Portland-Zementindustrie gemacht hatte. Eine weitere Änderung wurde in den Statuten des Vereins vorgenommen. Bisher hatte der Vorstand keine Kontrolle über den Portlandzement der Mitglieder gehabt; dadurch war es möglich, daß Vereinsfabriken eine minderwertige Ware produzierten, deren Güte durch ihre Zugehörigkeit zum Vereine zu beweisen suchten und diesen so in seinem Ansehen herabsetzten. Im Jahre 1888 wurden daher neue Satzungen aufgestellt, in denen bestimmt wurde, daß der Portlandzement aller Mitglieder einer stetigen Kontrolle durch den Verein unterworfen sein sollte. Außerdem wurde der Name des Vereins in „Verein deutscher Portland-Zement-Fabrikanten" geändert. Das Mischen von Portlandzement mit Schlackenmehl hatte nun ein Ende und das Vertrauen des in- und ausländischen Publikums auf die Güte des deutschen Fabrikates wurde von neuem bestärkt und gefestigt. Die genauere Kontrolle des Portlandzementes überlastete jedoch den Vorstand allzusehr, weshalb man im Jahre 1899 daran ging, dafür ein Vereinslaboratorium in Karlshorst bei Berlin zu errichten, das am 1. 1. 1902 bezogen wurde. Dieses soll auch dazu verhelfen, die chemische und physische Natur des Zementes auf wissenschaftlicher Basis weiter aufzuklären, für die Zementindustrie wichtige, technische Fragen zu prüfen, und hat schließlich noch den Vorteil, daß dort künftige Fabrikchemiker gut ausgebildet werden können. Im Jahre 1908 wurde abermals eine Änderung der Normen und Begriffserklärung für Portlandzement notwendig und zwar neben einer weiteren Verbesserung der

---

[1] Protokolle des Vereins deutscher Portland-Zement-Fabrikanten 1881, S. 32.

Qualität hauptsächlich, um die Konkurrenz des belgischen Naturzements zu beseitigen oder wenigstens zu vermindern. Dieser
Zement ist, wie schon anfangs erwähnt, ein Gemisch von Port-
land- und Romanzement und erreicht daher nicht die Qualität
des reinen Portlandzementes. Er wurde jedoch in großer Menge
als Portlandzement nach Deutschland eingeführt und konnte auf
Grund der alten Begriffserklärung nicht wirksam bekämpft werden.
Es wurde daher die ebenfalls oben erwähnte geschaffen, die bald
auch von den Ministerien angenommen wurde. Es wurde auch
tatsächlich ein Rückgang der belgischen Einfuhr erreicht. So
ist der Verein seit seiner Gründung stets bestrebt gewesen, die
deutsche Portland-Zementindustrie in technischer Beziehung zu
fördern, die Güte ihres Produktes zu heben und dem Publikum
die Garantie für eine einwandfreie Ware zu verschaffen, was ihm
auch im vollsten Maße gelungen ist. Seine Erfolge überschritten
sogar die Grenzen des deutschen Reiches, denn seine Normen
sind in allen Ländern ohne wesentliche Änderungen für die
Prüfung und Lieferung von Portlandzement angenommen worden.

Nachdem sich nun bis zum Jahre 1880 die deutsche Zementindustrie aus kleinen Anfängen soweit entwickelt hatte, daß sie
sich über das ganze deutsche Reich erstreckte und fähig geworden war, den Bedarf des Inlandes zu decken, blühte sie in
den folgenden Jahren mächtig empor und hatte den englischen
Zement bald so gut wie ganz vom Markte verdrängt. Der Absatz stieg ständig, da die Verwendung von Portlandzement eine
immer größere Ausdehnung erlangte und das Vertrauen auf die
Güte besonders des deutschen Fabrikates fortwährend wuchs.
Freilich wuchs die Zahl der Fabriken und auch die Produktion
der einzelnen Werke ebenfalls stark, so daß über die Mitte der
80 er Jahre hinaus das Angebot größer war als die Nachfrage,
wodurch eine Überproduktion hervorgerufen wurde. Trotz des
steigenden Absatzes gingen die Preise im allgemeinen zurück
oder konnten sich wenigstens nicht heben. Wenn auch ein leb-
hafter Verkehr im Zementgeschäfte herrschte und die Fabriken
für ihre ständig steigende Produktion Absatz fanden, so war das

doch eben nur bei schlechten Preisen möglich. Im schlesischen und Stettiner Gebiete waren die Verhältnisse wenigstens in den Jahren 1883 und 1884 besser, in denen auch die Preise stiegen, was wohl dem großen Absatze nach Österreich und besonders Rußland in der Hauptsache zuzuschreiben ist; diese brauchten viel Zement zu öffentlichen Bauten, namentlich zu Festungen, wodurch der deutsche Markt entlastet wurde. Die Jahre 1885 und 1886 waren jedoch auch im Osten ungünstig. Die Ausfuhr wurde durch den Zoll in Österreich, Rußland und der Schweiz, besonders durch seine Erhöhungen in den damaligen Jahren erschwert, wenn auch immer noch große Mengen dorthin versandt wurden. Die schlesischen Fabriken sahen einen Teil ihrer Absatzgebiete in Österreich und Rußland verloren, sie suchten dafür in das Stettiner Gebiet einzudringen und machten den dortigen Werken empfindliche Konkurrenz. Außerdem brachten sie mehr Ware als bisher auf den Berliner Markt und verschärften so auch dort den Wettbewerb. Nach überseeischen Ländern wurde viel Zement verkauft; hierin fanden auch die Stettiner Werke einen Ersatz für das durch die Zollerhöhung verlorene Gebiet in Rußland.

Im ganzen hat der Versand nach dem Auslande nicht unwesentlich zugenommen und diesem Umstande ist auch in den meisten Gebieten besonders in denen an der See und am Rheine, die Zunahme des Gesamtabsatzes zum großen Teil zuzuschreiben. Dadurch daß diese den schlechten Preisen gegenüberstand, wurde die Lage der deutschen Zementindustrie in der ersten Hälfte der 80 er Jahre soweit günstig beeinflußt, daß sie nicht unbedingt als schlecht bezeichnet werden konnte. Es geht daraus hervor, wie wichtig damals schon der Export war, denn ohne ihn wäre ein noch weit stärkeres Sinken der Preise unvermeidlich gewesen, da das Inland die Überproduktion nicht mehr aufnehmen konnte. Im Jahre 1886 freilich hatte die Überproduktion den Höhepunkt erreicht, und der Unternehmergewinn war wenigstens in manchen Gebieten durch den fortwährenden Preisfall auf ein Minimum beschränkt. Begünstigt wurde diese Entwicklung noch

durch die Konkurrenz minderwertiger Produkte, besonders mit
Schlackenmehl gemischter Zemente, die, wie oben erwähnt, durch
die Tätigkeit des Vereins deutscher Portland-Zement-Fabrikanten
beseitigt wurde, und durch das Submissionsverfahren, bei dem
damals mehr auf die Billigkeit als auf die Güte der Ware gesehen wurde, was den Preis noch mehr herabdrückte.

In den Jahren 1887 und 1888 trat nun die Wendung zum
Besseren ein, die durch den Aufschwung der Industrie im allgemeinen und der Bautätigkeit herbeigeführt wurde. Der Bedarf stieg intensiv, da zu Festungs- und Kanalisationsbauten viel
Zement gebraucht wurde, das Verhältnis des Bedarfs zur Produktion wurde wieder besser und der Preis stieg. Die Fabriken
waren überall voll beschäftigt. Im Berliner Gebiete trat allerdings im Spätherbste 1888 eine Verflauung der Preise ein, weshalb sich die Interessenten vereinigten und einen Mindestpreis
festlegten. 1889 stieg der Preis auch hier wieder. Die Vereinigung war nur von ganz kurzer Dauer.

In diese Zeit fällt auch die Entstehung der Portland-Zementindustrie in Bayern. Hier war bisher nur Romanzement produziert worden, was zunächst darin begründet war, daß bei dem
mehr agrarischen Charakter des Landes der Bedarf von Portlandzement sehr gering war. Für Fundamente und Wasserbauten
reichte auch die Qualität des Romanzementes aus, da hier mehr
eine schnelle Erhärtung als eine hohe Zug- und Druckfestigkeit
nötig ist. Ende der 70er Jahre wurde jedoch auch zu Hochbauten immer mehr Zement gebraucht besonders infolge der
Eisenbetonbauweise und hierzu brauchte man eine gleichmäßige
Ware mit hoher Druck- und Zugfestigkeit. Mitte der 60er Jahre
ging eine Fabrik in Oberbayern und eine in Unterfranken zur
Portland-Zementfabrikation über und bald blühte diese Industrie
mächtig empor. Ein anderer Grund für die späte Entwicklung
ist auch darin zu erblicken, daß die Fabriken, die Romanzement
oder andere hydraulische Bindemittel herstellten, in Händen von
Einzelpersonen oder kleinen Gesellschaften waren, die für die
Portland-Zementfabrikation nicht genug Kapital besaßen. Roman-

zement läßt sich auch in kleinen Betrieben herstellen, während die Herstellung von Portlandzement stets große Anlagen von Maschinen und Öfen und vielfach die Einführung von technischen Verbesserungen erfordert, ferner nur bei einer großen Produktion und möglichster Ausnutzung der Anlagen die Generalunkosten genügend ermäßigt werden können, damit eine Fabrik konkurrenzfähig bleibt.

Mit den 90er Jahren begann wieder eine schlechte Zeit für die deutsche Portland-Zementindustrie, der Niedergang setzte in den meisten Gegenden gegen Ende 1890 bis Anfang 1891 ein.

Bei dem guten Geschäftsgange und ständig steigenden Bedarfe Ende der 80er Jahre war die Produktion von Portlandzement sehr stark gewachsen. Es waren nicht nur neue Fabriken gegründet worden, sondern auch die alten hatten ihre Produktionsfähigkeit erhöht. Man hatte allgemein eine weitere Steigerung des Absatzes erwartet und besonders auf großen Konsum bei Staatsbauten gerechnet, der aber zum Teil ausblieb. Dazu kam noch, daß die allgemeine Bautätigkeit Anfang der 90er Jahre nicht sehr lebhaft war, wovon allerdings Rheinland-Westfalen, Württemberg und Schlesien, letzteres aber nur im Jahre 1893, eine Ausnahme machten. In wie hohem Maße aber die Produktion vergrößert worden war, sieht man aus der Statistik über die Fabriken der Mitglieder des Vereins deutscher Portland-Zement-Fabrikanten. Ihre Zahl betrug 1885 42 mit einer Produktion von 4,7 Millionen Faß à 170 kg netto, 1891 war sie auf 76 und ihre Produktion auf 10,8 Millionen Faß gestiegen. Dabei ist noch zu bedenken, daß die Fabriken damals nicht voll beschäftigt waren, ihre Produktionsfähigkeit also noch größer war. In den folgenden Jahren stiegen Anzahl und Produktion weit weniger; die neuhinzugekommenen Fabriken waren wohl nur solche, die vorher schon im Bau begriffen oder wenigstens projektiert waren. Der Absatz war zwar auch gestiegen und stieg auch weiter, aber doch viel weniger als die Produktion, so daß beide in einem durchaus ungesunden Verhältnisse zueinander standen, und sich überall eine empfindliche Überproduktion bemerkbar

machte. Es entstand daher ein scharfer Konkurrenzkampf, der
einen Preissturz herbeiführte, der umso empfindlicher war, als
die Löhne und Brennmaterialpreise in der letzten Zeit gestiegen
waren. Wie wichtig letztere für die Portland-Zementindustrie
sind, geht aus den oben angegebenen Zahlen über den Kohlenverbrauch bei den verschiedenen Öfen hervor. Dazu kommt
noch der Verbrauch beim Trocknen, der allerdings viel kleiner
ist, als beim Brennen und der für die Arbeitsmaschinen, falls
diese mit Dampf betrieben werden. Erschwert wurde diese un-
günstige Lage noch durch die Verhältnisse zum Auslande, die
durch die Zölle der Nachbarstaaten und Amerikas und die unter
ihrem Schutze entstehende ausländische Industrie ungünstig beeinflußt wurden, so daß es immer weniger möglich war, die in-
ländische Überproduktion auf das Ausland abzuwälzen. Gerade
in dieser ungünstigen Zeit in der ersten Hälfte der 90er Jahre
trafen aber noch zwei besondere Momente hinzu, die die Export-
verhältnisse ganz bedeutend verschlechterten. Das war zunächst
der deutsch-russische Zollkrieg 1893/94, der einen so hohen Zoll
brachte, daß die Ausfuhr aus den ostdeutschen Produktionsgebieten ganz unterbunden und die schlesischen Fabriken zum
größten Teile dadurch veranlaßt wurden im Stettiner und Berliner
Gebiete verschärfte Konkurrenz zu machen, und ferner die
amerikanische Silberkrisis 1893, während der der Export nach
Nordamerika fast ganz ins Stocken geriet.

Um die Lage zu bessern, wurden in der damaligen Zeit die
ersten Konventionen gegründet, die jedoch zunächst mit 2 Ausnahmen nur lose Preisverabredungen waren und daher meist
keinen langen Bestand hatten. Schlesien machte 1891 den
Anfang und zwar bezeichnenderweise zu einer Zeit, als die Preise
vorübergehend ein wenig stiegen. Zuerst wurde auch ein Erfolg
erzielt, indem die Preise etwas erhöht werden konnten. Im
nächsten Jahre wurde jedoch die Überproduktion noch vergrößert, da man großen Bedarf für Staatsbauten erwartet hatte,
der dann nicht eintraf, die Konvention wurde mehrfach unterboten, weshalb sie ihre Preise herabsetzen mußte, und löste sich

schließlich Mitte 1892 wieder auf. Die Folge war natürlich ein starker Preissturz. 1893 wurde dann die Zentralverkaufsstelle gegründet, die noch heute besteht. Sie bedeutet bereits ein festgefügtes Kartell. Es ist interessant, daß die Gründung wieder zu einer Zeit erfolgte, als, wie schon erwähnt, der Bedarf in Schlesien im Gegensatze zu den anderen Gebieten vorübergehend so groß war, daß er kaum befriedigt werden konnte. Das Syndikat sicherte auch in den folgenden Jahren höhere Preise, doch war die allgemeine Geschäftslage bis in die Mitte des Jahrzehnts ebenso wie im übrigen Deutschland ungünstig. 1893 wurde in Halle ebenfalls eine lose Preisvereinigung für die mitteldeutschen Fabriken geschaffen, die aber die Verhältnisse nicht bessern konnte, die Preise gingen 1894 wieder bedeutend herunter, und so erreichte die Konvention schon nach einjährigem Bestehen ihr Ende. Am Schlusse des Jahres 1893 schlossen auch die nordwestdeutschen Fabriken eine Preisverabredung, die aber wegen der vielen Vorverkäufe für 1894 zunächst noch nicht zur Geltung kam. In diesem Jahre schlossen die unterelbischen ebenfalls einen losen Verband, dieser konnte jedoch wegen der großen Zahl von Außenseitern vorerst keine Wirkung erzielen. In Süddeutschland wurde Ende 1893 der Verband süddeutscher Portland-Zementfabriken ins Leben gerufen, der nicht nur ein loses Preiskartell war, sondern auch Produktion und Absatz regelte. Er hat auch dauernden Bestand gehabt.

Im Jahre 1895 begann wieder ein Aufschwung, die Lage der deutschen Portland-Zementindustrie wurde in den folgenden Jahren so günstig, wie sie nie zuvor gewesen war. Der Grund hierfür liegt in erster Linie in der allgemeinen Hochkonjunktur in der 2. Hälfte der 90 er Jahre, wodurch auch der Bedarf an Zement außerordentlich stieg, umsomehr als die Arten seiner Anwendung sich ständig vermehrten. Die allgemeine Bautätigkeit war bei der günstigen wirtschaftlichen Lage aller Industriezweige natürlich außerordentlich lebhaft. Diese Wendung zum Besseren wurde in der Zementindustrie noch dadurch unterstützt, daß sich im Jahre 1895 in allen Produktionsgebieten Deutschlands Verbände gründeten, soweit das nicht schon vorher geschehen war. In Berlin wurde eine Konvention gebildet, ferner wurde der nordwestmitteldeutsche Verband geschaffen und auch im unterelbischen Gebiete wurde mit den Außenseitern eine Einigung über die Preise erzielt. Alle Verbände schlossen untereinander Verträge über die Preise in den gemeinsamen Absatzgebieten ab, denen sich auch die Stettiner Fabriken anschlossen, die keinen Verband unter sich gegründet hatten, so daß nun die ganze deutsche Portland-Zementindustrie geeint war. Erst dadurch war es möglich, der Preisschleuderei ein Ziel zu setzen und die günstige Konjunktur von Anfang an auszunützen. Mit dem Jahre 1896 kommen die Konventionen voll zur Geltung und die gute Konjunktur steigert sich weiter, um 1899 ihren Höhepunkt zu erreichen. Der Bedarf war zeitweise so groß, daß er nur mit aller Anstrengung befriedigt werden konnte, in einzelnen Gebieten konnten teilweise nicht alle Aufträge angenommen werden. Infolgedessen gingen die Preise fortwährend in die Höhe, so daß überall dort, wo nicht wie in Schlesien und Süddeutschland der Verband den Verkauf in der Hand hatte, die Konventionspreise nur auf dem Papiere standen, tatsächlich wurden höhere erzielt. Es wären also Ende der 90 er Jahre auch ohne die Verbände ebenso günstige Ergebnisse erzielt worden, wie es wirklich der Fall war, denn da alle Fabriken vollauf zu tun hatten, um der Nachfrage überhaupt genügen zu können, war eine zu große Produktion und ein gegenseitiges Unterbieten nicht möglich. Da in allen Industrien die Produktion vergrößert wurde, trat zeitweise Arbeitermangel ein, der es manchen Zementfabriken unmöglich machte, ihre Produktionsfähigkeit voll auszunützen. Hierzu kam noch, daß im Jahre 1897 verboten wurde, russische und galizische Arbeiter in der Industrie zu beschäftigen, wodurch es noch schwieriger wurde, sich die nötigen Arbeitskräfte zu verschaffen. Die Löhne stiegen daher dauernd; auch die Kohlen und die anderen Brennmaterialien wurden teurer, doch wurde dieses durch die guten Preise und den großen Absatz reichlich wieder ausgeglichen, zumal sich die Gestehungskosten für das

Faß Zement durch die größere Produktion verminderten, und auch durch technische Fortschritte dazu beigetragen wurde. Die Ausfuhr war im allgemeinen auch günstig, besonders nach den überseeischen Absatzgebieten, nach Österreich, Rußland und der Schweiz ging sie dagegen weiter zurück. Das war jedoch damals nicht sehr wichtig, da die Fabriken im Inlande voll beschäftigt waren. Wie günstig sich die Geschäftsergebnisse gestalteten, sieht man am besten an den Aktiengesellschaften (s. Tabelle III und IV), da weit über die Hälfte der ganzen Produktion aus Fabriken stammte, die sich in Händen von Aktiengesellschaften befanden. Der Grund dafür liegt darin, daß es, wie heute, auch schon damals zweckmäßig war, von vornherein eine große Anlage zu schaffen, um die Produktionselemente voll ausnützen zu können und die Gestehungskosten zu verringern. Eine kleine Fabrik konnte gegen die großen nicht mit Erfolg konkurrieren, weil sie zu teuer arbeitete. Eine große Fabrik kann sich auch Nebenbetriebe angliedern, die bei einer kleinen Anlage nicht genügend beschäftigt werden könnten. Einen guten Überblick über Höhe des Anlagekapitals bekommen wir aus dem Handbuch der deutschen Aktiengesellschaften. Nach diesen betrug das Aktienkapital bei insgesamt 66 Gesellschaften im Jahre 1900 weniger als eine Million Mark bei 11; 1,0—1,9 Millionen bei 31; 2,0—3,0 Millionen bei 16 und über 3 Millionen bei 8 Gesellschaften. Um ein so großes Kapital aufzubringen, ist aber die Form der Aktiengesellschaft die geeignetste, auch könnte das Risiko, von so hohen Summen in schlechten Jahren keine Zinsen zu erhalten, von wenigen nicht übernommen werden. Schließlich spricht die Möglichkeit, sich leichter Kredit beschaffen zu können noch für die Form der Aktiengesellschaft; daß diese Möglichkeit bei so großen Anlagen eine bedeutende Rolle spielt, ist ohne weiteres klar.

Infolge des außerordentlich großen Bedarfes und der guten Erträgnisse der Portland-Zementfabriken, wurde naturgemäß die Produktion sehr stark vergrößert. Die bestehenden Fabriken erweiterten ihre Anlagen bedeutend und neue Fabriken wurden

überall in großer Menge gegründet. Es war nicht gerade
schwer, eine solche Neugründung zu schaffen, denn die Roh-
materialien waren und sind auch jetzt noch im Überfluß vorhanden und das nötige Kapital war leicht zu bekommen, es
drängte sich direkt zu solchen Anlagen, jeder glaubte, eine
Zementfabrik müßte ein äußerst rentables Unternehmen sein.
Man glaubte allgemein, der Bedarf müßte in derselben Weise
weitersteigen wie bisher, und rechnete auf die Vorlage des Mittel-
landkanals mit besonderer Verbrauchszunahme bei dessen Bau.
Die Gründungen und Erweiterungen geschahen so ziemlich zu
derselben Zeit, dadurch war es sehr erschwert, einen Überblick
über die Größe der Erhöhung der Produktionsfähigkeit zu bekommen, außerdem wollte keiner vor dem anderen zurückstehen.
Erschwerend wirkte auch noch der Umstand, daß Gründungen
oft von Leuten veranlaßt werden, die die Marktlage garnicht
kennen. Diese Rolle übernehmen häufig Maschinenfabriken. Sie
versprechen auf die Bezahlung der gelieferten Maschinen längere
Zeit warten zu wollen, und übernehmen vielfach auch einen Teil
der Aktien. Es liegt ihnen natürlich nur daran, ihre Maschinen
zu verkaufen, ob die Gründung einer neuen Zementfabrik am
Bedarf gemessen wirklich berechtigt ist, kümmert sie gar nicht.
Es werden dann Prospekte ausgearbeitet, bei denen die günstigsten
Preise und der Absatz der vollen Produktionsfähigkeit als sicher
angenommen werden. Die Gestehungskosten werden auch meist
zu niedrig veranschlagt, so daß dann ganz fabelhafte Erträgnisse
herausgerechnet wurden, wodurch sich der Laie zur Teilnahme
an einem solchen Unternehmen reizen läßt. Sehen wir uns
einmal in Tabelle I das Wachsen der Anzahl der Fabriken im
Vereine deutscher Portland-Zement-Fabrikanten an. Im Jahre
1895 bestanden 78 Fabriken, 1901 93 und ihre Zahl wuchs im
nächsten Jahre noch auf 96. Hierzu kommen noch die Vergrößerungen der bereits bestehenden Fabriken. Die Produktionsfähigkeit stieg von 1895 bis 1901 von 13,5 auf 25,5 Millionen Faß,
die durchschnittliche Produktionsfähigkeit einer Fabrik also von
173 076,9 auf 265 937,5 Faß; selbst wenn sich der Bedarf in nor-

maler Weise weiter entwickelt hätte, hätte die enorm anwachsende
Produktion in keinem gesunden Verhältnis mehr zu ihm gestanden.
Nun setzte aber mit dem Jahre 1900 der allgemeine wirtschaft-
liche Niedergang ein, das Geld wurde teuer, die Bautätigkeit
wurde daher in jeder Beziehung geringer, die Kanalvorlage fiel,
der Bedarf nahm zunächst weniger zu als bisher, um in den
nächsten Jahren direkt zu sinken. Die Folge war eine erhebliche
Überproduktion auf dem deutschen Zementmarkt. Die großen
Bestände, die sich angesammelt hatten, weil der erwartete große
Bedarf nicht eintraf, suchte man um jeden Preis loszuschlagen.
Die nach und nach in Betrieb kommenden neuen Werke schlossen
sich den älteren Abmachungen zum Teil nicht an, so daß die
Verträge zwischen den verschiedenen Konventionen für das Jahr
1901 nicht erneuert wurden. Die Bewegung setzte ungefähr
Mitte 1900 ein.

Um nun die Produktion dem Bedarf einigermaßen anzupassen
und ein allzu großes Sinken der Preise zu verhindern, griff man
zu dem Mittel der Syndikatsbildung. Der unterelbische Verband
wurde in ein festgefügtes Kartell mit Verkaufsstelle und der
Befugnis zur Produktionseinschränkung umgewandelt, ferner
wurde das nordwest-mitteldeutsche Portland-Zementsyndikat in
Hannover gegründet, das die Gebiete Mitteldeutschland, Hannover
und Rheinland-Westfalen umfaßte. Es übernahm den Verkauf
für die ihm angeschlossenen Werke und zwar garantierte es
dafür, jedem Werke das ihm zugeteilte Kontingent abzunehmen.
Die Produktion wurde zwar eingeschränkt, aber gerade im
hannoverschen und rheinisch-westfälischen Gebiete war die Produktion am meisten gewachsen. Nach Tabelle IV stieg die Zahl
der Aktiengesellschaften in 1895—1901 in Hannover von 2 auf 8
und in Rheinland-Westfalen von 8 auf 21. Um nun die Fabriken
zum Beitritte in das Syndikat zu bewegen, mußte man ihnen ein
gewisses Kontingent zubilligen, weil sonst ihre Produktion so
stark eingeschränkt worden wäre, daß sie sich nicht mehr ren-
tiert hätte. Die Folge war, daß das gesamte Kontingent viel zu
hoch, nämlich mit 11$\frac{1}{2}$ Millionen Faß angesetzt wurde, während

bisher nur 5—6 Mill. Faß jährlich im Versandgebiete abgesetzt worden waren[1]. Mit dem unterelbischen und süddeutschen Syndikate schloß das Syndikat in Hannover Verträge
über Absatzgebiete und Preise ab. Die Vereinbarungen traten
mit dem Jahre 1901 in Kraft. Die schlesischen und Stettiner
Werke schlossen sich diesen Abmachungen nicht an, außerdem
hatte das nordwest-mitteldeutsche Syndikat im eigenen Gebiete
Außenseiter. Es mußte daher die Preise von vornherein herabsetzen. Die Pflicht des Syndikats, jedes Kontingent auch wirklich
abzusetzen, wirkte ebenfalls ungünstig auf den Preis, denn es war
ihm nicht möglich, im Laufe des Jahres die Produktion immer
wieder von neuem dem Bedarfe anzupassen. Ferner wurden
nicht alle Marken gleich gern gekauft, die weniger bevorzugten
mußten also billiger sein als die anderen, denn das Syndikat
konnte nicht dadurch ihre Abnahme erzwingen, daß es andernfalls den Verkauf überhaupt verweigerte, weil die Verbraucher
bei dem Überflusse an Ware dann von den Außenseitern gekauft
hätten. Hierzu kam noch, daß das Syndikat eine vollkommen
verfehlte Verkaufspolitik betrieb; es suchte nämlich durch Unterbietungen in das Absatzgebiet der Schlesier und Stettiner einzudringen, um sie dadurch zum Beitritte zu zwingen. Es errichtete
eine Verkaufsstelle in Breslau und bot zu Preisen an, die für es
selbst große Verluste bedeuteten. Die ostdeutschen Fabriken
wehrten sich dagegen, indem sie in Mitteldeutschland dem nordwest-mitteldeutschen Syndikate Konkurrenz machten und auch
tatsächlich Gebiete eroberten, während das Syndikat mit seinen
Schleuderofferten nicht sehr weit vorwärts gekommen ist. Die
Folge war jedenfalls ein weiteres Sinken der Preise. Trotzdem
gelang es dem Syndikat bei weitem nicht, den erwarteten Absatz
zu finden, statt 11^1/$_2$ Millionen Faß konnte es nur 5 Millionen
unterbringen und schon im Laufe des Jahres 1901 wurde es
wieder aufgelöst. Nun entspann sich ein ganz wilder und
regelloser Preiskampf, wie ihn die deutsche Zementindustrie

---

[1] Zahlen aus May, Die Bayrische Zementindustrie.

zu keiner anderen Zeit gesehen hat. Jeder suchte durch vergrößerte Produktion die schlechten Preise wieder auszugleichen. Der Verbrauch ließ sich aber durch die niedrigen Preise nicht in dem nötigen Maße steigern, also konnte jedes Werk nur auf Kosten anderer seinen Absatz vermehren. Da das aber alle so machten und, wenn einer anfing, machen mußten, wenn sie bestehen wollten, wurde der Konkurrenzkampf immer schärfer.

Im Jahre 1902 steigerte sich der Absatz zwar, aber die Überproduktion war so groß, daß die Preise auf ihrem tiefen Stande verharrten. Die Verhältnisse zum Auslande waren auch nicht besonders günstig. 1901 ging die Ausfuhr zurück, während die Einfuhr stieg. Es war also nicht daran zu denken, die Überproduktion auch nur teilweise ins Ausland abzustoßen. 1902 herrschte großer Bedarf in Nordamerika besonders infolge großer Arbeiten zur Verbesserung der Eisenbahnstrecken. Während der Bausaison wurde daher vielmehr Zement von Deutschland dorthin exportiert als in den letzten Jahren. Diese Absatzzunahme reichte jedoch nicht aus, um die Lage auf dem deutschen Markte wesentlich zu verbessern.

Um uns die schlimme Lage der deutschen Zementindustrie in diesen Krisenjahren deutlich vor Augen zu führen, wollen wir uns die Tabelle III und IV ansehen. Da finden wir zuzunächst, daß in ganz Deutschland von 71 Aktiengesellschaften 46 gar keine Dividende zahlten, 16 1—5 %, 6 6—10 % und 3 11—20 %, 1902 war es noch schlimmer, von 70 Gesellschaften zahlten 48 0 %, 15 1—5 %, 6 6—10 % und 1 11—20 %, Tabelle V zeigt uns auch die Größe der Verluste. Es sind hier zwar nur 68 Aktiengesellschaften aufgeführt, daß ist jedoch die große Mehrzahl, so daß die Tabelle ein vollkommen richtiges Bild zeigt. Wir sehen, daß der Gesamtgewinn den Verlust nur um 83 523 Mk. überragt bei einem Aktienkapital von 140 845 000 Mk.

Verhältnismäßig am wenigsten haben die schlesischen Fabriken gelitten. Das liegt daran, daß sie dem nordwest-mitteldeutschen Syndikat nicht angehörten und von dessen Schäden also nicht berührt wurden, daß ferner in ihrem Gebiete die Vergrößerung der Produktion geringer war und ihr Verband ohne Außenseiter fest geschlossen bestehen blieb, und daß schließlich ihr Absatzgebiet infolge seiner Lage etwas abseits von den übrigen deutschen Fabriken von dem allgemeinen wilden Kampfe weniger berührt wurde. Es kommt noch hinzu, daß sie wegen der Nähe des oberschlesischen Kohlenreviers in bezug auf ihre Versorgung mit Brennmaterial besonders günstig gestellt sind. Auch die Stettiner Fabriken wurden nicht ganz so stark von der Krisis mitgenommen wie die nordwest-mitteldeutschen Werke, auch hier wurde die Produktion wenig vermehrt, die Anzahl der Aktiengesellschaften blieb gleich, auch sie gehörten dem nordwest-mitteldeutschen Syndikat nicht an und haben ebenfalls eine etwas gesonderte geographische Lage. Die Berliner Fabriken standen zwar auch außerhalb des Syndikats, doch ist Berlin naturgemäß infolge seiner Lage und seines großen Bedarfes dem Konkurrenzkampfe am meisten ausgesetzt, zu allen Zeiten wurde ein Teil der Überproduktion auf den Berliner Markt geworfen. Gerade 1901 bildete Berlin den Punkt, an dem sich das nordwest-mitteldeutsche Syndikat mit den schlesischen und Stettiner Fabriken traf und aufs Schärfste kämpfte.

Die Geschäftslage in Süddeutschland in diesen Jahren war von der norddeutschen verschieden. Auch hier war die Produktion in den Zeiten der Hochkonjunktur durch Gründung neuer Fabriken und Erweiterung der alten erheblich vergrößert worden — nach Tabelle IV stieg die Zahl der Aktiengesellschaften von 1895—1901 von 7 auf 13 — und mit der Verschlechterung der Konjunktur trat auch hier Überproduktion ein, die jedoch der süddeutsche Verband durch Produktionseinschränkung in ihren Wirkungen mildern konnte. So groß wie in Nordwest- und Mitteldeutschland war die Überproduktion nicht. Da der süddeutsche Verband mit dem nordwest-mitteldeutschen Syndikat einen Vertrag abgeschlossen hatte, so machte sich, so lange dieser bestand, die nordwestdeutsche Überproduktion auf dem süddeutschen Markte nicht bemerkbar. Die Preise konnten daher in 1900 und 1901 noch auf einer leidlichen Höhe gehalten werden. 1902 brach nun aber die nordwest-mitteldeutsche Konkurrenz mit Macht in das süddeutsche Gebiet ein, die Geschäftslage wurde nun auch hier völlig schlecht, die Preise sanken stark. Dagegen konnte auch der süddeutsche Verband nicht helfen. Entsprechend dieser Entwicklung sehen wir in Tabelle III und IV, daß die Dividenden in Süddeutschland erst 1902 ihren größten Tiefstand erreichten.

Wir stehen an einem Wendepunkt in der Entwicklung der deutschen Portland-Zementindustrie insofern, als von jetzt ab eine festgefügte und weitgehende Kartellierung ein unbedingtes Erfordernis für ihre gedeihliche Entwicklung bildet. Wir haben zwar schon seit Mitte der 90 er Jahre Verbände angetroffen, doch ist nicht anzunehmen, daß bei der glänzenden Konjunktur in den Jahren 1896—1899 nicht auch ohne Kartelle günstige Ergebnisse erzielt worden wären; denn die wichtigste Funktion der Kartelle, die Produktion dem Absatze anzupassen, vollzog sich damals von selbst, da die Nachfrage kaum zu befriedigen war. Zur Zeit der Krise war jedoch die Produktion so außerordentlich hoch über den Bedarf hinausgewachsen, daß es für die Folgezeit nur durch Produktionseinschränkungen möglich war, das Angebot der Nachfrage anzupassen. Tabelle I zeigt uns, daß von 1900 bzw. 1901 ab die Differenz zwischen der Produktionsfähigkeit und dem Versande außerordentlich groß ist, während sie vorher viel kleiner war. Die Zahl der Fabriken war so groß geworden, daß der einzelne Betriebsleiter den Markt nicht mehr genügend überblicken konnte. Sehr wichtig ist hier ferner, daß die Absatzgebiete der Produktionszentren alle ineinander übergehen, so daß sich keine Grenze ziehen läßt. Am schlimmsten ist es mit dem Berliner Markte, wo alle Gruppen mit Ausnahme der süddeutschen und der rheinisch-westfälischen zusammentreffen. Hier ist daher der Kampf immer am schwersten, zumal Berlin mit seinem großen Bedarf von jeher ein beliebter Platz war, um die Überproduktion abzuschieben. Die Gruppen an der Grenze des Reiches werden wenigstens in einem Teile ihres Absatzgebietes von der inländischen Konkurrenz freilich nicht berührt, doch tritt hier an deren Stelle die ausländische. Es war also nötig, daß eine Organisation vorhanden war, die den Markt überblicken konnte, die Produktion dem Bedarfe anpaßte und die Preise nicht nur nach unten sondern auch nach oben regelte, damit kein zu großer Anreiz zu Neugründungen und Vergrößerungen gegeben würde. Es war ferner nötig, daß die einzelnen Gruppen einschließlich des Auslandes Verträge miteinander abschlossen. Die Lage der deutschen Portland-Zementindustrie ist seit der Jahrhundertwende daher stets abhängig vom Stande der Kartellierung. Ein allgemeines deutsches Kartell war damals und ist auch heute nicht gut denkbar, weil die Verhältnisse in den verschiedenen Gegenden allzu verschieden sind. Es ist zu schwer, so viele Interessenten unter einen Hut zu bringen. Wenn z. B. in dem einen Gebiete der Bedarf groß, in dem anderen klein ist, so müßte man des Ausgleichs halber Zement aus dem letzteren in das erstere verkaufen, was höhere Frachtkosten verursachen würde, oder man müßte durch Geld ausgleichen; auch müßten Preisunterschiede in den einzelnen Gebieten ausgeglichen werden. All das würde große Schwierigkeiten mit sich bringen, mit denen schon das nordwest-mitteldeutsche Syndikat zu kämpfen hatte. Außerdem liegt kein Grund vor, weshalb z. B. die schlesischen Werke unter einer schlechten Geschäftslage in Hannover leiden sollen. Werden jedoch Absatz und Preise nicht ausgeglichen, dann wirkt ein allgemeines deutsches Kartell auch nicht anders als Gruppenkartelle, die durch Verträge miteinander verbunden sind.

Bei der großen Bedeutung, die die Kartellierung für die Entwicklung der deutschen Zementindustrie im 20. Jahrhundert gehabt hat, und bei dem hohen Grade, in dem die Wirkungen der Kartellverträge durch ihre Form beeinflußt worden sind, dürfte es von Interesse sein, diese zunächst einmal näher zu betrachten.

III.

Die Kartelle in der deutschen Portland-Zementindustrie.

a) Die Struktur der Kartelle.

Die Verhältnisse in der deutschen Zementindustrie sind für eine Kartellierung im allgemeinen günstig. Die Zahl der Fabriken in den einzelnen Gruppen ist nicht groß, die Produktion befindet sich zum großen Teile in der Hand großer Aktiengesellschaften. Die heutigen Produkte sind sehr gleichförmig, wozu die Normen des Vereins deutscher Portland-Zement-Fabrikanten von jeher sehr viel beigetragen haben. Die Produktionsverhältnisse sind in den einzelnen Gebieten, was Rohstoffe und Arbeiterbeschaffung angeht, auch nicht sehr verschieden. Ferner ist in einer Zementfabrik viel fixes Kapital angelegt, das Kapitalrisiko also groß. Zu Zeiten schlechter Konjunktur ist es aber, wenn überhaupt, nur sehr schwer möglich, dieses Kapital einem anderen Erwerbszweige dienstbar zu machen, weil es in Maschinen, Öfen und Gebäuden angelegt ist, die nur für die Zementfabrikation eingerichtet und zu gebrauchen sind, ferner in Grundstücken, die einen gleichhohen Wert nur für die Zementfabrikation besitzen, weil sie die für sie nötigen Rohstoffe enthalten, die sich für etwas anderes nicht verwerten lassen; außerdem ist mit dem Abbau der Grundstücke zum Teil schon begonnen worden, weshalb diese Teile für andere Erwerbszweige wertlos sind.

Die ersten Kartelle in der deutschen Zementindustrie waren nur lose Preiskonventionen. Sie hatten alle Mängel, die derartige Vereinbarungen stets zu besitzen. pflegen, und brachten daher nur geringen Nutzen. Sie haben nie lange bestanden. Sie konnten ungünstigen Verhältnissen nicht vorbeugen; traten Schwierigkeiten im Geschäftsgange ein, so waren sie ihnen nicht gewachsen und lösten sich regelmäßig auf.

Das erste höher entwickelte Kartell mit Kontingentierung des Absatzes und damit auch der Produktion und mit Regelung der Preise durch gemeinsamen Verkauf war der Verband schlesischer Portland-Zementfabriken, der 1893 zunächst auf zehn Jahre gegründet, dann aber verlängert wurde, so daß er heute noch besteht. Seine Organe sind die Verkaufsstelle, die Generalversammlung, der Vorsitzende des Verbandes und zwei Vertrauensmänner, sowie ein Ersatzmann für letztere. Der Vorsitzende wird aus der Zahl der Vorstandsmitglieder der Aktiengesellschaften oder der Inhaber der Firmen durch Mehrheit der Werkstimmen gewählt. Die wichtigsten Befugnisse der Generalversammlung sind: Festsetzung der Instruktionen für die Verkaufsstelle, besonders der Normativbestimmungen bezüglich der Verkaufspreise, Neuaufnahmen, Anschluß an andere Gruppen, Beschlußfassung über außerordentliche vom Verbande zu tragende Kosten, Festsetzung des Maximalkredits für einzelne Abnehmer, Beschlußfassung über gemeinsames Vorgehen gegen Konkurrenten und über Änderung der Ausführungsbestimmungen. Jede Fabrik hat eine bestimmte Anzahl Stimmen, die sich nach ihrem Kontingent richtet. Für Zuwiderhandlungen gegen den Kartellvertrag sind Strafen zu entrichten, für die Kautionen in mündelsicheren Wertpapieren hinterlegt werden. Zur Entscheidung darüber ist ein Schiedsgericht gewählt, das aus drei Mitgliedern und einem Ersatzmann besteht. Die Vertrauensmänner haben die Bücher und Geschäftsgebarung der Verbandsfabriken und der Verkaufsstelle zu revidieren. Über alle Streitigkeiten außer über Verhängung von . Strafen entscheidet ein Schiedsgericht, wozu jede Partei einen Schiedsrichter wählt. Geht eine Fabrik in eine andere Hand über, so hat der bisherige Inhaber alle Rechte und Pflichten des Vertrages auf seinen Rechtsnachfolger zu übertragen.

Die Geschäfte werden nun in der Weise abgewickelt, daß die Zentralverkaufsstelle namens der einzelnen Werke verkauft. Diese haben die Verkäufe der Kundschaft zu bestätigen und sich mit ihr über Ausführung und Liquidierung der Aufträge zu verständigen. Die Zahlungen gehen direkt an die Fabriken, die sich streng an die Abschlüsse der Verkaufsstelle zu halten und keine Bonifikationen usw. zu gewähren haben. Das Delkredere aus den gemachten Verkäufen sowie die Verbandskosten werden pro rata der Einschätzung auf die Fabriken verteilt. Handverkäufe bis zu 10 Faß direkt an den Konsum sind gestattet, der Preis wird von der Verkaufsstelle festgesetzt. Jede Fabrik hat dieser täglich die gemachten Verladungen anzugeben. Die Verteilung geschieht so, daß jeder Fabrik bei Abschluß des Vertrages resp. bei ihrem Eintritt ein bestimmtes Kontingent zugewiesen wird, aus der Summe der Kontingente werden dann die Verhältniszahlen ausgerechnet, nach denen der Absatz auf die einzelnen Werke zu verteilen ist. Bei Betriebsstörungen oder Ausfall von Lieferungen aus anderen Gründen wird das aufgegebene Quantum angerechnet, es besteht kein Recht auf Entschädigung.

Ergeben sich Differenzen in den Preisen oder in dem Verhältnis des Absatzes zum Kontingent, so werden diese ausgeglichen. Am Schlusse des Jahres wird der .Durchschnittspreis der einzelnen Fabriken und daraus der Gesamtdurchschnittspreis berechnet. Die Fabriken, bei denen der erstere den letzteren übersteigt, haben die Differenz für die, bei denen es umgekehrt ist, an die Verbandskasse zu zahlen. Die Fabriken mit Mehrlieferung haben an die mit Minderlieferung die Differenz zwischen Gesamtdurchschnittspreis und Herstellungskosten pro Faß zu viel versandten Zements zu entrichten. Die Zahlung geschieht durch Vermittlung der Verkaufsstelle. Die Fabriken sind mindestens auf der Leistungsfähigkeit bei der Gründung des Verbandes zu erhalten.

Bald nach dem schlesischen Verbande wurde ebenfalls im Jahre 1893 der Verband süddeutscher Portland-Zementfabriken geschaffen. Er umfaßte folgendes Gebiet: Bayern, Württemberg,

Baden, Hessen, Elsaß-Lothringen, Hohenzollern, Luxemburg, Birkenfeld und die Teile der preußischen Regierungsbezirke Trier, Koblenz, Wiesbaden und Kassel, die nach Norden von der Eisenbahnlinie Trier, Koblenz, Wetzlar, Fulda, Elm bis zur bayrischen Landesgrenze begrenzt sind. Dieser Verband hatte noch keine so vollkommene Form wie der schlesische. Der Absatz der Werke wurde zwar auch kontingentiert aber jährlich, wobei man den im Vorjahre erzielten Absatz jeder Fabrik zugrunde legte, soweit er auf eigener Produktion beruhte. Die Summe der Kontingente bildete das absatzfähige Normalquantum, das die Generalversammlung mit Rücksicht auf den Markt für alle Werke prozentual erhöhen oder vermindern konnte. Den Verkauf betätigten die Fabriken selbst und waren dabei an Minimalpreise und festgesetzte Verkaufsbedingungen gebunden. Zur Überwachung des Verkaufs diente die Kontroll-Verrechnungsstelle, der jedes Werk monatlich den Gesamtabsatz im Verbandsgebiete angeben mußte. Sie suchte dann einen Ausgleich herbeizuführen, indem sie den Fabriken mit Mehrlieferung Einschränkung der Reisetätigkeit, Preiserhöhung und Überweisung von Aufträgen an sich selbst aufgab, die sie dann an die Werke mit Minderlieferung verteilte. War ein Naturalausgleich nicht möglich, so sollte mit Geld ausgeglichen werden. Bei Submissionen im Verbandsgebiete bestimmte die Verrechnungsstelle die Werke, die anbieten sollten, und die zu fordernden Minimalpreise. Die zu liefernde Menge wurde der betr. Fabrik auf das Kontingent angerechnet. Erzielte sie einen höheren Preis als den festgesetzten, so mußte sie die Differenz an die Verrechnungsstelle zahlen, die sie an die interessierten Werke verteilte. Für den Verkauf außerhalb des Verkaufsgebietes galten die Vertragsbestimmungen nicht, falls nicht Vereinbarungen mit anderen Gruppen oder Werken vorlagen. Außer der Verrechnungsstelle waren Organe des Verbandes der Beirat, der ihre Geschäftsführung prüfen und für die Einhaltung des Vertrages sorgen sollte, und die Generalversammlung. Für diese sowie für Streitigkeiten und Zuwiderhandlungen galten im wesentlichen dieselben Bestimmungen wie beim schlesischen Verbande.

In dieser Form existierte der Verband bis zum Jahre 1903. In der Krise hatte er sich jedoch als zu schwach erwiesen. Seine Schwächen lagen hauptsächlich in der jährlichen Kontingentierung und darin, daß der Verkauf von jeder Fabrik für sich und nicht gemeinsam betätigt wurde. Durch die erstere war der Anreiz zu Vergrößerungen während der guten Konjunktur verstärkt worden, weil die Werke glaubten, vom nächsten Jahre an mit Recht ein höheres Kontingent beanspruchen zu können. Durch den zweiten Punkt wurde das Ausgleichen sehr erschwert. Die neugegründeten Fabriken konnten ihr Kontingent meist nicht absetzen, da ihre Marken nicht eingeführt waren. Die alten Werke berührte es jedoch sehr unangenehm, wenn sie von den ohnehin kärglichen Gewinnen während der Krise noch etwas zum Ausgleich an den Verband zahlen mußten. Außerdem mußte das Kontingent der neuen Werke vom nächsten Jahre, da es ja nach dem Absatze des Vorjahres festgesetzt wurde, kleiner werden, was diese wieder nicht wollten. Schließlich kamen auch hier, infolge der Art des Verkaufs und der Preisfestsetzung Umgehungen der Vertragsbestimmungen vor, ohne daß man sie nachweisen konnte, in ähnlicher Art wie bei reinen Preiskonventionen. Es war daher ein Kartell höherer Form nötig, das in Gestalt der süddeutschen Zementverkaufsstelle G. m. b. H., Heidelberg Anfang 1904 ins Leben trat. Sie umfaßte dasselbe Gebiet wie der alte süddeutsche Verband. Neben dem gemeinsamen Verkauf hat das Kartell noch den Zweck, Fabriken hydraulischer Bindemittel aufzukaufen und zu gründen. Die Gesellschaft kauft den Zement von den Werken ein und verkauft ihn dann an die Kunden. Kein Werk darf an jemand anders als an sie verkaufen. Ihre Organe sind die Zentralstelle (Hauptgeschäftsstelle), die Verkaufsstellen, der Aufsichtsrat und die Plenarversammlung der Gesellschafter. Die Zentralstelle ist die Zentralverkaufs- und Einkaufsstelle mit zwei Geschäftsführern an der Spitze. Ihre Aufgabe ist die Leitung des Geschäfts, der Einkauf von den Gesellschaftern, die Verteilung und die obere Führung der Korrespondenz, Kassen und Bücher. Verkaufsstellen sind errichtet in Blaubeuren,

Heidelberg mit einer Agentur in Frankfurt a. M., Metz, München, Stuttgart, Würzburg. Sie wickeln den Verkauf ab, sind aber der Zentralstelle unterstellt. Die Gesellschaft betreibt ihr Geschäft auf eigene Rechnung und in eigenem Namen. Sie hat den ihr von den Werken gelieferten Zement nach den ihr zu Gebote stehenden Mitteln in Raten zu bezahlen. Die Einkaufspreise und -Bedingungen gelten franko Bahn- bzw. Schiffsstation und sind für alle Werke gleich. Für schlechte Ware haben diese an die Gesellschaft Schadenersatz zu leisten. Sie haben ihren Versand täglich nachzuweisen und eine monatliche Versandliste einzureichen. Die Gesellschaft versendet an sie wöchentlich Berichte über Verkäufe, Marktlage usw. und monatliche Ausweise über den Versand und die Versandberechtigung. Der Reingewinn wird nach Stammeinlagen verteilt, ebenso ein etwaiger Verlust. Für die Verteilung gelten folgende Bestimmungen: Jede Fabrik hat ein bestimmtes Kontingent, das nach Maßgabe der Produktionsfähigkeit und des Absatzes in den Vorjahren festgesetzt worden ist. Die Kontingentsziffern sind die Verhältniszahlen, nach denen den einzelnen Werken ihre Ware abgenommen werden muß. Jedes Mitglied hat für je 1000 Faß Kontingent 100 Mk. Stammeinlage zu machen. Ist mit der Zementfabrik eine Zementwarenfabrik verbunden, so wird der dafür verwendete Eigenverbrauch zu den Verkaufspreisen auf das Kontingent angerechnet. Der Kleinverkauf ist den Fabriken freigegeben, doch ist die Menge monatlich dem Verbande anzugeben. Nicht oder nicht rechtzeitig gelieferte aufgegebene Mengen werden angerechnet, eventuell ist eine Entschädigung an die Zentralstelle zu zahlen. Ausgenommen sind Fälle einer vis major, bei denen die Lieferung auf einen anderen Gesellschafter übertragen oder eine festgesetzte Entschädigung für die Minderlieferung verlangt werden kann. Nachlieferung ist nur mit Billigung des Aufsichtsrates zulässig. Eine freiwillige Übertragung von Lieferungen auf einen anderen Gesellschafter kann mit Genehmigung des Aufsichtsrates erfolgen. Am Jahresschluß sich ergebende Differenzen werden in Geld ausgeglichen, die Höhe des Ausgleiches wird von der Generalversammlung bestimmt. Der Aufsichtsrat besteht aus sieben Mitgliedern und hat die ganze Geschäftsführung zu leiten und zu überwachen. Die Plenarversammlung genehmigt endgültig die von den Geschäftsführern und dem Aufsichtsrat vorgeschlagenen Normalpreise für den Ein- und Verkauf und entscheidet über den Anschluß an andere Verbände und über Einrichtung und Aufhebung von Verkaufsstellen. Im übrigen sind die Funktionen von Aufsichtsrat und Plenarversammlung durch die gesetzliche Form des Verbandes als G. m. b. H. geregelt. Geht eine Fabrik in eine andere Hand über, so muß der neue Besitzer Gesellschafter werden. Verlegung von Fabrikanlagen, Erwerb bestehender Unternehmungen gleicher Art und Beteiligung an solchen ist nur mit Genehmigung der Plenarversammlung gestattet. Bei Zuwiderhandlungen sind Entschädigungen bzw. Strafen an die Gesellschaftskasse zu zahlen, wofür Solawechsel hinterlegt werden müssen.

Ähnlich dem süddeutschen Verbande ist das Rheinisch-Westfälische Zementsyndikat von 1904 organisiert. Auch dieses hat die Form einer G. m. b. H. Der Zweck ist im wesentlichen derselbe. Die Organe sind ein oder mehrere Geschäftsführer, der Aufsichtsrat und die Gesellschaftsversammlung. Die Geschäftsführer haben die zur Erreichung des Gesellschaftszweckes erforderliche kaufmännische Tätigkeit zu verrichten. Die Gesellschaft verkauft auch im eigenen Namen, braucht aber nur die von ihr abzusetzende Menge den Werken abzunehmen. Die Gesellschaft zahlt zunächst für den gelieferten Zement einen Verrechnungspreis, der für alle Werke gleich ist und bis zum 18. des der Lieferung folgenden Monats zu entrichten ist. Ihr Reingewinn wird nach der Beteiligung von den erfolgten Lieferungen verteilt. Die Bestimmungen über Angabe des Versandes und Verkaufs auf beiden Seiten und Verantwortlichkeit für gute Lieferungen gleichen denen des süddeutschen Verbandes. Die Verteilung geschieht auf Grund von Kontingenten, die bei Abschluß des Vertrages festgesetzt sind, sie sind nur Verhältniszahlen. Abtretungen von Kontingenten an andere Gesellschafter sind gestattet, doch behält

der Abtretende alle Rechte und Pflichten gegenüber der Gesellschaft. Auf je 2000 Faß Kontingent sind 100 Mk. Stammeinlage
zu leisten. Wird ein Auftrag binnen 4 Tagen nicht ausgeführt,
so kommt die Lieferung ohne das Recht der Nachlieferung in
Wegfall, wird aber auf das Kontingent angerechnet; dies gilt
nicht, wenn die Lieferung wegen Mangels an Verladewagen und
Schiffsräumen nicht erfolgt ist. Die Gesellschafter sind verpflichtet,
einander gegen Bezahlung auszuhelfen. Der Kleinverkauf ist
ebenso geregelt wie in Süddeutschland. Der Ausgleich bei
Differenzen am Schlusse des Geschäftsjahres wird in Geld herbeigeführt, seine Höhe ist vertraglich festgelegt. Der Aufsichtsrat
besteht aus 9—15 Mitgliedern. Seine Rechte und Pflichten,
sowie die der Generalversammlung entsprechen in den Haupt-
punkten denen des süddeutschen Kartells, ebenso die Pflichten
der Mitglieder in bezug auf den Verkauf, den Übergang des
Werkes in eine andere Hand, die Zuwiderhandlungen und Strafen.

Die Hannoversche Verkaufsvereinigung vom Jahre 1905 ähnelt
am meisten der schlesischen. Auch sie ist eine freie Vereinigung,
ihre Organe sind die Geschäftsstelle, der Vorsitzende der Verkaufsvereinigung, zwei Vertrauensmänner mit einem Ersatzmann
und die Generalversammlung. Die Verkaufsbestimmungen sind
dieselben wie beim schlesischen Verbande, nur dürfen Preis-
anfragen, die direkt an eine Fabrik gerichtet sind, von dieser
erledigt werden, falls sie noch nicht 60 % ihres Kontingents verkauft hat. Die Kontingente sind nach dem Inlandabsatz vom
1. Juli 1903 bis 30. Juni 1904 festgesetzt. Im Verhältnisse dieser
Kontingente nehmen die Fabriken am Absatze teil bis der Gesamtabsatz die Summe sämtlicher Kontingente erreicht hat. Ist
der Absatz größer oder kleiner, so wird das Plus oder Minus auf
die Werke pro rata ihrer Produktionsfähigkeit verteilt, nur die
Norddeutsche Portland-Zementfabrik Misburg nimmt auch hier
pro rata ihres Kontingents teil. Ergibt sich dadurch eine Differenz, so wird diese allein von der „Germania“ und der „Hannoverschen Portland-Zementfabrik“ im Verhältnisse von 7:3 getragen.
Geht der Verbrauchszuwachs über die Produktionsfähigkeit hin-

aus, so kann jede Fabrik entweder verzichten oder ihre Produktionsfähigkeit erhöhen. Auch kann sie ihre Beteiligung am Verbrauchszuwachs an eine lieferbereite Fabrik der Vereinigung verkaufen. Hat eine Fabrik am Jahresschlusse mehr oder weniger abgesetzt als ihr zukommt, so findet der Ausgleich in Geld statt. Werke mit höherem Durchschnittspreis als der Gesamtdurchschnittspreis haben die Differenz für die mit geringerem Durchschnittspreis an die Vereinigung zu zahlen. Die Bestimmungen über den Vorsitzenden, die Generalversammlung, die Vertrauensmänner über Zuwiderhandlungen gegen den Vertrag und Strafen, sowie über die Deckung der Verbandskosten gleichen denen des schlesischen Kartells, nur hat jede Fabrik eine Stimme und sind als Kaution für die Strafen von jeder Fabrik zehn Bankakzepte à 1000 Mk. zu hinterlegen.

Ebenfalls ein Kartell hoher Ordnung von der Art des rheinisch-westfälischen und süddeutschen war der Verkaufsverein mitteldeutscher Zementwerke, der Ende des Jahres 1904 in Form einer G. m. b. H. gegründet wurde.

Ebenso hoch entwickelt, doch in anderer Form war das Nordwest-Mitteldeutsche Portland-Zementsyndikat in Hannover, das Ende 1900 geschaffen wurde. Es war eine Aktiengesellschaft. Die Fabriken schlossen sich zu einer Werkbesitzervereinigung zusammen, die mit dem Syndikat einen Vertrag abschloß. Die Organe waren der Vorstand, Aufsichtsrat, die Generalversammlung, die Werkbesitzervereinigung, der Beirat und die Kommission zur Feststellung der Beteiligungsziffern. Die beiden letzten wurden von der Werkbesitzerversammlung gewählt. Die Beteiligungsziffern konnten durch diese prozentual eingeschränkt und nach Prüfung den Vorschlägen der Kommission gemäß auch geändert werden. Der Verkauf erfolgte durch das Syndikat im eigenen Namen und auf eigene Rechnung, das den Werken für den Absatz der ihnen zugebilligten Beteiligung garantieren mußte. Die Beteiligungsziffern waren keine Verhältniszahlen, sondern bestimmte Größen. Im Übrigen entsprachen die Bestimmungen denen anderer gleich entwickelter Kartelle.

Nachdem wir die Kartelle kennen gelernt haben, wollen wir uns nun noch den Verträgen zuwenden, die die Verbände der einzelnen deutschen Gruppen unter sich abgeschlossen haben. In allen diesen wurden zunächst die Gebiete der betreffenden beiden Verbände abgegrenzt. Bei der losesten Form dieser Übereinkommen wurde im übrigen nur noch bestimmt, daß die gegenseitigen Preise eingehalten werden sollten.

Höher entwickelt war zunächst die Vereinbarung zwischen dem rheinisch-westfälischen und dem hannoverschen Syndikat von 1905. In ihr wurde bestimmt, daß jedes in das Gebiet des anderen nur festgesetzte Mengen liefern darf, die jedoch mit dem Absatze im eigenen Gebiet kleiner und größer werden; sie werden durch einen vereidigten Buchprüfer festgestellt. Mehr- oder Minderlieferungen werden ausgeglichen. Es sind von beiden Seiten die Preise und Verkaufsbedingungen desjenigen Verbandes, in dessen Gebiet verkauft wird, zu respektieren. Bei Streitigkeiten entscheidet ein Schiedsgericht; für Zuwiderhandlungen sind Strafen zu zahlen.

Der Vertrag zwischen dem rheinisch-westfälischen und dem mitteldeutschen Syndikate von 1904 beruht im wesentlichen auf denselben Bestimmungen wie der soeben behandelte, nur sind der Absatz und die Preise anders geregelt. Zugrunde gelegt wird der Absatz beider Kontrahenten in die gegenseitigen Gebiete vom Jahre 1903. Der Absatz Mitteldeutschlands in Rheinland-Westfalen wird von dem des rheinisch-westfälischen Syndikats in Mitteldeutschland abgezogen, der Rest ist das Kontingent, mit dem als Verhältniszahl das Syndikat an dem Absatze des mitteldeutschen Verkaufsvereins in dessen Gebiete beteiligt ist, der auch den Verkauf dieses Kontingents besorgt. Dagegen dürfen seine Werke keinen Zement nach Rheinland-Westfalen verkaufen. Der Verrechnungspreis ist der von den rheinisch-westfälischen Fabriken im Jahre 1903 in Mitteldeutschland erzielte Durchschnittspreis. Die übrige Berechnung erfolgt genau so wie bei den mitteldeutschen Werken.

Ähnlich ist die Regelung im Vertrage zwischen dem rheinisch-westfälischen Syndikate und der süddeutschen Verkaufsstelle. Darnach tritt diese dem Lieferungsvertrage, den das rheinisch-westfälische Syndikat mit seinen Gesellschaftern geschlossen hat, mit einer bestimmten Beteiligungsziffer bei, jedoch nur für den Gesamtversand des Syndikats in dessen Gebiete. Im übrigen dürfen die Werke beider Verbände keinen Zement in die gegenseitigen Gebiete liefern. Die Verkaufsstelle erhält einen Sitz im Aufsichtsrat des Syndikats und ein Stimmrecht in seiner Generalversammlung nach Maßgabe der Beteiligungsziffer. Der Vorsitzende des Syndikats hat in den Aufsichtsratssitzungen der Verkaufsstelle beratende Stimme.

Dieselben Bestimmungen finden wir in dem Vertrage zwischen der süddeutschen Verkaufsstelle, dem rheinisch-westfälischen und dem belgischen Syndikate. Die beiden deutschen Verbände sind mit einer bestimmten Absatzquote an dem belgischen beteiligt, der sie genau so zu behandeln hat wie seine Mitglieder. In das Gebiet der beiden deutschen Syndikate und solcher, die sich ihnen gegenüber verpflichtet haben, keinen Zement nach Belgien zu liefern, darf das belgische nicht verkaufen. Für den Absatz in Holland, das keine eigene Zementproduktion besitzt, haben die drei Syndikate die Handelsgesellschaft „Vereinigte Deutsch-Belgische Zementfabriken" geschaffen, die den Verkauf für sie besorgt, an dem sie mit bestimmten Prozentsätzen beteiligt sind.

Die Vor- und Nachteile, sowie die Wirkungen der verschiedenen Arten der Kartelle, die wir soeben kennen gelernt haben, sind in Fachschriften eingehendst behandelt worden und müssen hier als bekannt vorausgesetzt werden. Hier kommt es nur darauf an, festzustellen, welchen Einfluß diese Eigenschaften der verschiedenen Verbände auf das Gedeihen der Zementindustrie gehabt haben. Diese Betrachtung ist aber von der der Entwicklung der Zementindustrie untrennbar, die in dem letzten Jahrzehnt vollständig von dem Stande der Kartellierung abhängig gewesen ist. Ihr wollen wir uns daher jetzt zuwenden.

b) Die Entwicklung der deutschen Zementindustrie unter der Herrschaft der Kartelle.

Nur sehr langsam vermochte sich die deutsche Zementindustrie von den harten Schlägen der Krise zu Beginn dieses Jahrhunderts zu erholen. Zwar war der Absatz schon 1902 gestiegen und stieg in 1903 weiter, aber die Überproduktion war immer noch so gewaltig, daß der Markt die Produktion bei weitem nicht aufnehmen konnte und die Preise durch den scharfen Wettbewerb weiter auf ihrem niedrigen Stande festgehalten wurden. Es gab nur ein Mittel, um eine Besserung zu erreichen: die Beseitigung des freien Wettbewerbes und Einschränkung der Produktion. Man war auch eifrig bemüht, eine Kartellierung auf gesunder Grundlage zustande zu bringen, aber gerade damals, kurz nach den Mißerfolgen des Nordwest-Mitteldeutschen Syndikats, gestalteten sich die Verhandlungen äußerst schwierig. Die Prozesse, welches dieses Syndikat noch mit seinen Mitgliedern zu führen hatte, weil es die Mengen Zement, für die es sich verpflichtet hatte, nicht hatte abnehmen können, wirkten äußerst störend. Zudem war man in den meisten Gruppen nur dann geneigt, ein Syndikat zu begründen, wenn auch die Nachbargruppen sich zusammenschlössen und durch Verträge eine Konkurrenz der Verbände untereinander beseitigt würde. Da gab es aber immer wieder Leute, bald in dieser bald in jener Gruppe, die nach den schlechten Erfahrungen in 1901 noch sehr viel Mißtrauen gegen die Kartellierung hegten und in Verkennung der Sachlage am besten zu fahren glaubten, wenn sie allein blieben. Sie wollten entweder garnicht beitreten oder stellten Bedingungen, die nicht erfüllt werden konnten. Von den Gruppen, die im Nordwest-Mitteldeutschen Syndikat vereinigt gewesen waren, war die rheinisch-westfälische die erste, die sich wieder zusammenschloß; Ende 1903 gründete sie einen Verkaufsverein, nachdem schon vorher eine ganz lose Preisvereinigung kurze Zeit bestanden hatte. Dieser Verein hatte jedoch noch eine ziemlich lose Form und noch mehrere Außenseiter. Im Jahre 1904 machten dann

die Einigungsbestrebungen in der deutschen Zementindustrie
gewaltige Fortschritte. Für 1905 kam das hannoversche und
mitteldeutsche Syndikat zustande und das rheinisch-westfälische
wurde zu der höheren Form ausgebaut, wie wir sie im vorigen
Kapitel kennen gelernt haben. Verträge über die Abgrenzung.
der gegenseitigen Absatzgebiete und der in das fremde Gebiet
abzusetzenden Mengen schlossen ab das süddeutsche Syndikat
mit dem mitteldeutschen und rheinisch-westfälischen, dieses
außerdem noch mit dem hannoverschen, mit dem sich wieder das
mitteldeutsche einigte, während das schlesische mit dem mitteldeutschen, den Stettiner Werken und einer Gesellschaft des
Berliner Bezirks, der Aktiengesellschaft Adler, eine Vereinbarung
traf. Im Jahre 1905 wurde noch das unterelbische Syndikat
gegründet, dem zunächst freilich nur ein Teil der Fabriken des
Bezirks angehörten, doch wurde im nächsten Jahre eine vollkommene Einigung erzielt, und das Syndikat schloß Verträge
mit Rheinland-Westfalen, Hannover, Mitteldeutschland. Die
Verbände in Hannover, Mitteldeutschland, Unterelbe, Schlesien
und die Berliner und Stettiner Fabriken schufen in 1905 in dem
sogenannten Berliner Vertrage eine Preiskonvention für den
Berliner Markt. Nun war die ganze deutsche Zementindustrie
geeinigt, jetzt war es möglich, die Produktion dem Bedarfe anzupassen und eine günstige Konjunktur richtig ausnutzen. Der
Kartellgedanke hatte gesiegt. Wenn in den ersten Jahren nach
der Krise manche alte Fabriken noch geglaubt hatten, neue
schwächere niederkonkurrieren und dadurch den Wettbewerb
verringern zu können, so hatten sie sich geirrt, der Kampf hatte
ihnen selbst tiefe Wunden geschlagen, während der Gegner nicht
gebrochen war, wenn er auch große Verluste erlitten hatte; so
mußten auch sie sich dazu bekehren, daß das einzige Mittel zur
Besserung der Lage eben in einer vollständigen Kartellierung
lag. Hierzu kommt noch, daß auch mit den Nachbarländern
Österreich-Ungarn, der Schweiz, Belgien, England und Frankreich
eine Einigung erzielt wurde, auf die wir jedoch erst weiter unten
eingehen wollen. Gemäß der Entwicklung der Kartellierung

gestaltete sich auch die wirtschaftliche Lage der Industrie. Wie
in 1902 und 1903 so konnten auch in 1904 trotz des steigenden
Bedarfs infolge größerer Bautätigkeit im allgemeinen noch keine
günstigen Resultate erreicht werden, da die Preise zu wenig oder
. gar keinen Gewinn zuließen. In den Gebieten, in denen damals
schon Syndikate bestanden, sah es freilich etwas besser aus, aber
auch nur im engeren Absatzgebiete, wo die nicht syndizierten
Nachbargruppen keine Konkurrenz machten, z. B. in Schlesien.
Süddeutschland hatte 1903 noch sehr unter der norddeutschen
Konkurrenz zu leiden, die auf jede Weise ihre Überproduktion
auf andere Gebiete abzuwälzen suchte. 1904 besserte sich dann
die Geschäftslage, was darauf zurückzuführen ist, daß das neue
süddeutsche Syndikat höher entwickelt war als das alte und alle
in Frage kommenden Werke in sich vereinigte, und ferner die
Überproduktion in den Nachbargebieten nicht mehr so groß war.
Das rheinisch-westfälische Syndikat konnte 1904 noch keine guten
Ergebnisse erzielen; es hatte noch allzu sehr unter den Nachbargruppen zu leiden, außerdem war in seinem Gebiete die Lage
während der Krise am trostlosesten gewesen. Im allgemeinen
bewegte sich die Entwicklung der deutschen Zementindustrie
seit 1904 in aufsteigender Richtung, 1905 war die Krise gänzlich
überwunden, die Kartelle und Verträge zwischen ihnen wirkten
gut, endlich konnten die besseren Absatzverhältnisse auch in den
steigenden Preisen zum Ausdruck kommen; 1906 kommen sie
voll zur Geltung; dazu kam noch, daß der Bedarf stetig stieg
und in den Jahren 1906 und 1907 sehr groß war, so daß damals
wieder eine Hochkonjunktur in der Zementindustrie herrschte.
Wenn auch durch die steigende Bautätigkeit der Absatz immer
mehr wuchs, so wäre doch ohne die Kartelle die Entwicklung
weit weniger günstig gewesen, denn es war in den meisten
Gebieten immer noch nötig, die Produktion einzuschränken. In
Rheinland-Westfalen z. B., wo freilich, wie schon hervorgehoben,
die Überproduktion am größten war, konnten 1903 nur 59 % [1],

---

[1] Jahresbericht der Handelskammer Münster 1904, S. 103.

1904: 70,62 %[1], 1905: 49,87 %[2], 1906: 66,59 %[3] und 1907: 63,4 %[4] des Kontingents abgesetzt werden. Die übrigen Gruppen waren besser, zum Teil sogar sehr gut beschäftigt, doch hätten die rheinisch-westfälischen Werke bei freier Konkurrenz einen viel größeren Druck auf Süd-, Mittel-Deutschland, Hannover und Unterelbe ausgeübt, der sich naturgemäß weiter nach Osten, auf Berlin, Stettin und Schlesien hätte fortpflanzen müssen. Das Verhältnis zum Auslande war in der damaligen Zeit im ganzen nicht besonders günstig, wenn auch 1907 durch das Erdbeben in San Franzisko ein starker Export nach Amerika hervorgerufen wurde. Was die Beziehungen zu den Nachbarländern betrifft, so haben auch hier wieder die Verbände der Zementindustrie viel Segen gebracht, da es durch sie möglich wurde, durch Verträge eine allzu große ausländische Konkurrenz zu verhindern.

Die gute Konjunktur der Jahre 1906 und 1907 hielt nicht lange an. Kaum hatte sich die deutsche Zementindustrie von den Wunden der letzten Krise erholt und wieder guten Absatz und gute Preise und daher auch guten Gewinn erzielt, so tauchten auch schon wieder Pläne für Neugründungen auf, die in den nächsten Jahren auch ausgeführt wurden. So waren im rheinisch-westfälischen Syndikate 1908 26, 1909 dagegen schon 35 Werke vereinigt[5]. In Schlesien wurden 3 Fabriken errichtet, und auch die anderen Gruppen blieben von neuen Werken nicht verschont. Dazu kam, daß die allgemeine Konjunktur und besonders die des Baugewerbes nach 1907 wieder abflaute, wobei der hohe Geldstand in der zweiten Hälfte dieses Jahres eine große Rolle spielte. In der Bautätigkeit kam dies nicht sofort zur Geltung, da die begonnenen Bauten noch zu Ende geführt wurden, so daß der Absatz für Zement in dem 1. Semester 1908 noch gut war, dann aber merklich nachließ. Es folgte ein Kampf mit den

---

[1] Jahresbericht der Handelskammer Münster 1904, S. 103.
[2] A. a. O. 1905, S. 81.
[3] A. a. O. 1906, S. 103.
[4] A. a. O. 1907, S. 113.
[5] A. a. O. 1908, S. 119.

neuen Fabriken, die noch nicht syndiziert waren, so daß die
Preise herunter gedrückt wurden. Das schlechte Auslandsgeschäft
und die Konkurrenz ausländischer, namentlich minderwertigerer
Zemente verschlimmerte die Lage noch. Der Berliner Vertrag
wurde von einer Fabrik gekündigt und war damit aufgelöst; da
der Vertrag zwischen Schlesien und Mitteldeutschland von ihm
abhängig war, kündigte der schlesische Verkaufsverein auch
diesen. 1909 verschlimmerte sich die Lage noch; es herrschte
Überproduktion in ganz Deutschland. Die neuen Fabriken unterboten die Verbände, so daß diese zum Teil in Frage gestellt wurden.
Das mitteldeutsche Syndikat wurde auch wirklich aufgelöst, womit
auch alle seine Verträge mit anderen Gruppen ihr Ende erreichten.
Das Zusammengehen der deutschen Zementindustrie war nun
vollständig gestört, der Kampf wurde jetzt natürlich noch
schärfer, die Preise ganz schlecht. So war wieder eine Krise
vorhanden, die auch 1910 noch anhielt und durch die Bauarbeiteraussperrung noch wesentlich verstärkt wurde. Verursacht war
sie wieder in erster Linie durch Überproduktion infolge von
Neugründungen. Sehr ungünstig war es, daß sich auch die
Vereinbarungen mit dem Auslande zum Teil nicht halten ließen.
1909 wurde das schweizerische und 1910 das österreichische
Kartell aufgelöst, wodurch deren Verträge mit Schlesien und
Süddeutschland hinfällig wurden. Die Folge war ein scharfer
Kampf, der sich zumeist auf deutschem Boden abspielte. Bei
dieser Geschäftslage waren die Absatzverhältnisse für die
deutschen Zementfabriken im Jahre 1909 im allgemeinen schlecht.
Im Jahre 1910 begann sich der Absatz wieder zu heben, wurde
aber durch die Bauarbeiteraussperrung beeinträchtigt und konnte
bei den Preiskämpfen das Ergebnis nicht günstig gestalten.

Die Kartelle vermochten die Krise nicht zu verhindern, doch
haben sie sie bedeutend abgeschwächt. Die Überproduktion wäre
ohne ihr Wirken zweifellos weit größer gewesen. Es ist zum
guten Teile ihr Verdienst, daß die Krise nicht so schlimm wurde
wie die der Jahre 1901/03, so daß sich die Zementindustrie viel
schneller wieder erholen konnte. In den Tabellen III und IV

finden wir dies durch die Dividenden der Aktiengesellschaften
vollständig bestätigt. Jedenfalls haben die Verbände bis auf den
mitteldeutschen die Krise überstanden, und auch dessen Ver-
schwinden war nur vorübergehend. Der Kampf mit den neu
entstandenen Außenseitern mußte geführt werden, denn die
Bedingungen, die diese an ihren Beitritt zum Syndikate knüpften,
waren zu schwer; es mußte ihnen gezeigt werden, wie schlecht
ihre Aussichten sind, wenn sie nicht beitreten, und daß sie im
eigenen Interesse für die Allgemeinheit Opfer bringen müssen.
Daß der Syndikatsgedanke an sich richtig war und ist, wird
schon durch die Tatsache bewiesen, daß gegen Ende 1910 die
alten Vereinbarungen wieder zustande kamen. Der mitteldeutsche
Verband wurde 1910 neu gegründet, allerdings nur als einfache
Preiskonvention, das hannoversche Syndikat wurde verlängert
und in Schlesien traten alle drei Außenseiter dem Verkaufs-
vereine bei. Die Stettiner, unterelbischen, mitteldeutschen,
hannoverschen, rheinisch-westfälischen und süddeutschen Werke
traten wieder in ein Kartellverhältnis zueinander. Zwischen
Schlesien und Stettin wurde eine Einigung über die Absatzgebiete erzielt. So war die deutsche Zementindustrie wieder
einig, nur die Berliner Werke waren wegen des Widerstandes
einer Fabrik allein geblieben, so daß die Verträge nicht auf den
Berliner Markt übergreifen konnten, was eine große Lücke in
der Einigkeit bedeutete. In Österreich und der Schweiz waren
ebenfalls wieder Kartelle gegründet worden, mit denen das
schlesische und süddeutsche wie früher Abmachungen traf. Die
Krise war also vollständig überwunden, die Aussichten für 1911
gut, da nun nach Beseitigung der Konkurrenz die Preise wieder
heraufgesetzt wurden und der Absatz sich auch weiter günstig
entwickelte. Die Erträgnisse der Zementfabriken sind dem-
entsprechend 1911 auch gute gewesen, nur die Berliner Fabriken
bekämpften sich noch immer heftig und drückten dadurch die
Preise so tief herab, daß sie nichts verdienten, sondern eher
noch mit Verlust arbeiteten, obgleich sie durchaus voll beschäftigt waren. Gegen Ende des Jahres hörte jedoch auch das

auf und die Einigung der deutschen Zementindustrie wurde vollständig durch die Gründung einer Zementverkaufsstelle in Berlin
für den Absatz auf dem dortigen Markte. Daran sind die Berliner
Fabriken mit zwei Drittel, die hannoverschen, mitteldeutschen
und Stettiner mit zusammen ein Drittel des Gesamtabsatzes beteiligt[1]. Die Schlesier werden dadurch entschädigt, daß ihnen
ihr an Schlesien und Sachsen angrenzendes mitteldeutsches Absatzgebiet von den Berliner und mitteldeutschen Marken nicht
bestritten werden soll. Der süddeutsche Verband, der noch bis
1914 lief, ist bis 1925 verlängert worden und hat noch einige
Außenseiter hereingenommen.

Die geschäftliche Lage der deutschen Zementindustrie ist also
zurzeit gut, die Absatzverhältnisse sind geregelt und die Preise
befriedigend. Eine Ausnahme davon macht das rheinisch-westfälische Gebiet. Hier sind die Verhältnisse in den letzten Jahren
stets am schlechtesten gewesen, weil hier am meisten neue
Fabriken gegründet wurden. Zwar hat das Syndikat immer
wieder Außenseiter aufgenommen, doch die Neugründungen
wollten nicht aufhören, so daß es heute noch von einer großen
Anzahl freier Fabriken umgeben ist, mit denen es einen harten
Kampf zu führen hat. Die Preise sind daher niedrig und lassen
nur geringen Nutzen. Der Konsum nimmt zwar auch dort zu,
der Absatz der Syndikatswerke ist jedoch sehr gering. Er betrug 1908: 55,7 %[2], 1909: 47,34 %[3] und 1910: 57,4 %[4] vom Kontingent. Auch die Vereinbarungen, die das Syndikat mit Ab-
nehmerverbänden getroffen hat, konnten daran nichts ändern.
Es hat z. B. den Mitgliedern des Arbeitgeberbundes für das
Baugewerbe im rheinisch-westfälischen Industriebezirk besondere
Vergünstigungen eingeräumt, wofür diese nur Syndikatzement
beziehen dürfen. Ferner war unter Mitwirkung des Syndikats
der Verein rheinisch-westfälischer Syndikatszementhändler ge-

---

[1] Kartellrundschau 1911, S. 899.
[2] Jahresbericht der Handelskammer Münster 1908, S. 119.
[3] A. a. O. 1909, S. 128.
[4] A. a. O. 1910, S. 117.

gründet worden. Doch es gibt immer noch genug Abnehmer für Außenseiter. Diese fordern niedrigere Preise, sind aber gut beschäftigt und erzielen höhere Erträgnisse; die Lasten des Syndikats haben sie nicht zu tragen, von der günstigen Wirkung aber, vor allem von der Produktionseinschränkung haben sie auch Vorteile. Die Krise ist hier also noch nicht überwunden. Im Syndikat haben sich auch Zustände herausgebildet, die viel Unzufriedenheit hervorgerufen haben. Um nämlich ihre Anlagen besser auszunützen und so die Kosten verringern zu können, haben viele Werke die Kontingente anderer, die wegen ihrer Größe bei der starken Produktionseinschränkung zu teuer produzierten, um einen Gewinn erzielen zu können, gegen eine jährliche Entschädignng übernommen. Diese Maßnahmen haben sich auch bewährt, die betr. Werke haben viel bessere Erträgnisse erreicht als die, die nur ihr eigenes Kontingent produzieren dürfen. Dadurch haben sich jedoch die Verhältnisse sehr zu ungunsten der letzteren verschoben, die daher eine Änderung der Dinge anstreben. Aus diesen Gründen besteht die Absicht, noch vor Ablauf des Syndikats, also vor 1914 ein neues auf veränderter Grundlage zu errichten, dem auch die jetzigen Außenseiter angehören sollen. Die Verhandlungen machen jedoch große Schwierigkeiten, da die geforderten Beteiligungen den Bedarf an Zement weit übersteigen. Gelingt der Plan nicht, dann wird eben nach Ablauf des jetzigen Syndikats ein Kampf einsetzen, der noch viel schärfer und verlustbringender als der gegenwärtige sein und nicht eher enden wird, als bis eine vollständige Einigung erzielt ist.

Außer den Kartellen sind noch andere Konzentrationsbestrebungen in der deutschen Zementindustrie vorhanden, Verschmelzungen und Interessengemeinschaften. Diese entstehen auf verschiedene Arten: Zunächst durch Kauf, wobei dann häufig die gekaufte Fabrik still gelegt wird. Eine andere Art der Verschmelzung ist die Fusion. Beide Fabriken werden für gemeinschaftliche Rechnung betrieben, es braucht aber nicht die ganze Verwaltung gemeinschaftlich zu sein. Auch hier kann das eine Werk zeitweilig oder ganz still gelegt werden. Beide Arten sind im

Erfolge dasselbe. Es wird dadurch nicht nur die Konkurrenz vermindert, sondern es können auch die Anlagen voll ausgenützt werden, indem ein Werk den ganzen Absatz herstellt. Besonders gewinnbringend sind solche Verschmelzungen bei Vorhandensein von Kartellen, weil dann die Minderung der Konkurrenz nicht auch anderen zu gute kommt. Daher sind sie auch dort am häufigsten, wo festgefügte Kartelle bestehen und begründete Aussicht vorhanden ist, daß sie auch von langer Dauer sein werden. Zahlreich sind auch in der Zementindustrie die Interessengemeinschaften durch den Besitz von Aktien oder Anteilen. Ferner sind oft mehrere Zementfabriken an einer anderen beteiligt; auch unter den Gründern befinden sich vielfach mehrere Konkurrenzwerke, die auf die neue Fabrik Einfluß haben wollten, wenn einmal die Gründung nicht mehr zu verhindern war. Besonders wichtig sind solche Interessengemeinschaften unter Angehörigen verschiedener Kartelle, weil dadurch auch deren Zusammengehen bis zu einem gewissen Grade begünstigt wird. Auch die Syndikate selbst beteiligen sich an solchen Unternehmungen; sie kaufen ganze Werke auf, um sie stillzulegen oder verhindern Neugründungen, indem sie den dazu nötigen Grund und Boden erwerben. Das hat noch nebenbei den Erfolg, daß durch den gemeinsamen Besitz der Verband fester zusammengehalten wird.

Sehr häufig sind Kombinationen mit Zementwarenfabriken, Bau- und Immobiliengesellschaften, Elektrizitätswerken, Faßfabriken und Kohlengruben entweder durch Besitz oder durch Beteiligung. Wohl alle Zementfabriken besitzen eine eigene Reparaturwerkstätte, oft sogar größere Anlagen; die Stettiner Portland-Zementfabrik hat z. B. eine eigene mechanische Werkstätte, in der nicht nur alle Reparaturen, sondern auch alle Neubauten hergestellt werden. Außer Rohguß und fertigen Dampfmaschinen wird nichts von fremden Maschinenfabriken bezogen.

Wenn wir die Entwicklung der deutschen Zementindustrie noch einmal überblicken, so fällt uns zunächst auf, daß die Krisen periodisch auftreten. Der Grund ist immer Überproduktion, die durch allzu starke Produktionsvermehrung bei großem Bedarf in der Erwartung, daß dieser noch steigen werde, hervorgerufen wird. Woher kommt es nun, daß immer wieder Vergrößerungen vorgenommen und neue Fabriken gegründet werden, auch wenn gar kein Bedarf danach vorhanden ist? Das liegt zunächst daran, daß die einzelnen Leiter der Betriebe oft die Marktlage nicht genügend überblicken können und nicht weit genug in die Zukunft schauen, sie berücksichtigen nicht genug, daß die Lage der Zementindustrie mit der allgemeinen wirtschaftlichen Konjunktur eng verknüpft ist, eine Hochkonjunktur jedoch erfahrungsgemäß nicht ewig ist, man also für die Zukunft nicht mit derselben Höhe oder gar demselben Steigen des Absatzes rechnen kann. Die übrigen Fabriken müssen folgen, wollen sie nicht in Zukunft schlechter gestellt sein. Begünstigt werden diese Tatsachen noch dadurch, daß zum Teil Techniker und nicht Kaufleute die Leitung in Händen haben. Der Hauptgrund für die Überproduktion liegt jedoch in den Neugründungen. Es ist eben verhältnismäßig leicht, ein neues Werk zu errichten. Rohmaterial ist an sehr vielen Punkten in reichlicher Menge vorhanden und das nötige Kapital ist in einer Zeit, in der die Zementindustrie gute Gewinne abwirft, unschwer zu erhalten, zumal zu derselben Zeit im allgemeinen eine gute Konjunktur herrscht und das Kapital nach Anlagen sucht. Die Gründer machen meist ein gutes Geschäft und sind oft Leute, die an der Zementindustrie nicht besonders interessiert sind. Die Geldgeber dagegen haben vielfach gar kein Urteil über die Lebensfähigkeit und zu erwartende Rentabilität der neuen Anlage, zumal sie oft durch gefärbte Prospekte geblendet werden, die ganz und garnicht den Tatsachen entsprechen. Da wird zunächst einmal von vornherein angenommen, daß die ganze Produktionsfähigkeit abgesetzt werden könne, während dies zur selben Zeit bei den bestehenden Fabriken nicht der Fall ist. Ferner wird mit den hohen Preisen der guten Konjunktur gerechnet, und schließlich wird das nötige Kapital oft zu niedrig angegeben, so daß ganz fabelhafte Gewinne herausgerechnet werden. Daß sich eine neue Fabrik erst Eingang verschaffen und daher billiger sein muß als die anderen, daß sie

zunächst mit den alten Werken kämpfen muß, ob nun ein
Syndikat besteht oder nicht, wenn sie jedoch sofort aufgenommen
wird, dies nicht mit der vollen Produktionsfähigkeit geschehen
kann, wird ebenso absichtlich übersehen, wie die Tatsache, daß
durch neue Gründungen die ganze Marktlage verändert wird, ein
etwaiges Bestehen von Kartellen in Frage gestellt werden kann.
Das ist der Grund dafür, daß immer wieder neue Fabriken
gegründet werden: Es ist zu leicht und der Anreiz infolge des
Gründungsgewinnes zu groß. In vieler Hinsicht können die
Kartelle günstig gegenüber den Krisen wirken, ganz verhindern
können sie sie aber nicht, denn gegenüber Neugründungen sind
sie nicht stark genug, da sie es nicht erreichen können, daß
diese keine Abnehmer finden.

Die Tatsache, daß in guten Zeiten viel Kapital in die Zementindustrie srömt, ist natürlich nichts anderes, als die Wirkung des
Gesetzes von der Ausgleichung der Gewinnste. Aber es wurden
Fehler dabei gemacht: Vor allem strömte viel mehr Kapital in
die Zementindustrie als nötig gewesen wäre, um die Gewinne
auf den üblichen Satz herabzudrücken. Der Grund liegt hauptsächlich in einer falschen Beurteilung und Überschätzung der
Lage der Zementindustrie, woran besonders gefärbte Prospekte
viel Schuld haben. Wären die Fehler nicht gemacht worden,
dann wäre das Zustömen von Kapital wohl weit weniger oder
gar nicht verhängsvoll für die Zementindustrie gewesen.

Außerdem muß man beachten, daß diese Ausgleichung bei
zu niedrigen Gewinnsten infolge davon, daß der größte Teil des
in einer Zementfabrik angelegten Kapitals nur sehr schwer oder
gar nicht übertragbar ist, nur dadurch erfolgen konnte, daß das
Kapital niedriger eingeschätzt wurde, wie es auch tatsächlich
z. B. durch Zusammenlegen von Aktien geschehen ist. Das bedeutete aber für die Kapitalisten einen großen Verlust, weshalb sie durch Kartelle und Fusionen ihr Kapital zu schützen
suchten.

Noch ein Zweites fällt uns in der Entwicklung der deutschen
Zementindustrie auf, daß nämlich die Kartelle stets erst zu-

stande kommen, wenn die Geschäftslage bereits anfängt, sich zu bessern. Diese Erscheinung ist daraus zu erklären, daß sich die Produzenten in der schlechtesten Zeit zu wenig Nutzen von den Kartellen versprechen und eine so große Produktionseinschränkung, wie sie nötig wäre, nicht auf sich nehmen wollen. Ein Zementkartell kann nur von Nutzen sein, wenn auch die Nachbargruppen organisiert sind, bis aber von so vielen Fabriken die große Mehrzahl bereit ist, für die Einigung Opfer zu bringen, müssen sie erst schwere Wunden empfangen haben; das gilt besonders von den Außenseitern, die die Krise verschuldet haben. Es würde auch tatsächlich den Kartellen schwer fallen, bei so anarchischen Zuständen, wie sie z. B. 1902 herrschten, etwas zu erreichen; erst muß sich die Lage etwas geklärt haben. Wenn der Absatz wieder zunimmt, dann sind die meisten geneigt, einen Verband zu gründen, um dadurch die Besserung auch in den Preisen auszunützen.

Schließlich ist noch zu erwähnen, daß Änderungen in der Geschäftslage für gewöhnlich nicht sofort zum Ausdruck kommen. Das liegt an der Art des Verkaufes. Schon im Herbst wird der größte Teil der Produktion des nächsten Jahres verschlossen. Wenn sich nun zu Anfang des Jahres die Preise heben, vielleicht infolge einer Kartellgründung, so müssen zuerst noch die billigen Vorverkäufe abgewickelt werden, so daß das Erträgnis dieses Jahres noch nicht besonders günstig sein kann.

c) Die Zementpreise während der Zeit der Kartelle.

Im letzten Kapitel haben wir gesehen, welch entscheidenden Einfluß die Kartelle auf die wirtschaftliche Lage der deutschen Zementindustrie gehabt haben. Der wichtigste Zweck einer Vereinigung ist nun immer der, auf die Preisgestaltung günstig einzuwirken, weshalb ihre Folgen sich naturgemäß vor allem in den Preisen zeigen müssen. Leider stehen uns zur Beurteilung dieser Wirkungen zum großen Teile nur Submissionspreise zur Verfügung, die denen im gewöhnlichen Verkehre nicht ganz entsprechen; sie sind meist niedriger. Da dies jedoch allgemein der Fall ist, bieten sie für das Vergleichen der Preise in den einzelnen Gruppen und zu den verschiedenen Zeiten genügend Anhaltspunkte.

Wie wir wissen, stand das Jahr 1901 unter dem Zeichen des nordwest-mitteldeutschen Syndikates. Die Schwierigkeiten, mit denen dieses zu kämpfen hatte, kennen wir ebenfalls schon. Es mußte versuchen, viel größere Mengen Zement abzusetzen, als tatsächlich möglich war, und hatte außerdem noch gegen die Außenseiter im Osten zu kämpfen, die es — was freilich ein Fehler war — mit allen Mitteln zum Beitritte zu zwingen suchte. Damit war seine Preispolitik schon gegeben. Es mußte in seinem engeren Absatzgebiete, das ihm von den Außenseitern nicht bestritten werden konnte, die Preise immer wieder herabsetzen, um den Absatz zu vergrößern, was trotzdem nicht in genügender Weise gelang. Um die Schlesier zu bekämpfen, errichtete es in Breslau eine Verkaufsstelle. Darauf antworteten diese damit, daß sie ihren Preis für 100 kg von ca. 3,21 Mk. auf 2,61 Mk. herabsetzten. Nimmt man für das nordwest-mitteldeutsche Syndikat die Fracht Hannover—Breslau an, so beträgt die Mehrfracht gegenüber den Oppelner Fabriken 1,07 Mk. für 100 kg. Bei dem alten schlesischen Preise hätte es also zu 2,14 Mk. anbieten können; das ist zwar weniger als es in seinem engeren Absatzgebiete bekam, doch hätte es dabei noch verdient, bei dem herabgesetzten Preise durfte es jedoch nur 1,54 Mk. verlangen, was einen direkten Verlust bedeutet hätte. Es hat tatsächlich noch etwas billiger angeboten, doch keinen Auftrag zu diesem Preise ausgeführt. Die Schlesier boten auch zu sehr niedrigen Preisen im Westen an. So forderten sie bei einer Submission der kgl. Eisenbahndirektion Elberfeld 2,35 Mk. für 100 kg, also inclusive Fracht 4,40 Mk. Damit konnten sie jedoch gegen die rheinisch-westfälischen Fabriken nicht konkurrieren, da deren Preise ungefähr zwischen 3,00 und 4,09 Mk. standen, wozu nur eine ganz geringe Fracht kam.

Besonderes Interesse bietet der Berliner Markt, auf dem sich das nordwest-mitteldeutsche Syndikat mit seinen ostdeutschen Konkurrenten traf. Infolgedessen konnten hier die Preise nicht hoch sein. Der Durchschnittspreis betrug in 1901 2,50 Mk. für 100 kg. Die Preise, die die Berliner Fabriken bei Submissionen forderten, waren schwankend, teils niedriger, teils höher als dieser Satz, öfter jedoch das erstere. Abgesehen von den Fabriken am Platze beschickte das nordwest-mitteldeutsche Syndikat den Berliner Markt noch von Hannover und Mitteldeutschland aus. Die Preise waren zwar etwas niedriger als die der Berliner Werke, jedoch nicht um den vollen Betrag der Fracht, so daß in erster Linie die letzteren für die Deckung des Bedarfs in Frage kamen. Immerhin waren die Preise noch so gestellt, daß sie eher unter denen der Schlesier und Stettiner blieben, wenn man die Fracht hinzurechnet. Die ersteren haben auch tatsächlich wenig Zement nach Berlin angeboten, weil sie nichts dabei verdienen konnten, wenn sie es jedoch taten, dann zu einem Preise, der unter dem heimischen stand. Zurückgegangen sind die Preise in 1901 überall, doch am meisten in den Gebieten des nordwest-mitteldeutschen Syndikates, wo die Überproduktion am größten war und besonders auf den östlichen Märkten, auf denen gegen die Außenseiter gekämpft wurde. In den übrigen Gruppen war die Überproduktion kleiner und so konnten die Schlesier ihre Preise in ihrem engeren Absatzgebiete besonders infolge des Bestehens ihres Syndikates noch auf einem Stande halten, der ein leidliches Verdienst zuließ. Die Stettiner Fabriken hatten zwar kein Syndikat, doch war hier die Überproduktion auch nicht so stark wie im Westen und außerdem ging ein großer Teil ihrer Ware nach dem Auslande. Die Angriffe des nordwest-mitteldeutschen Syndikates erwiderten sie dadurch, daß sie es in Berlin zwar nicht direkt unterboten — das hätte ihnen Verluste gebracht —, doch seine Preise unter einem gewissen Drucke hielten. Ihre Preise in ihrem engeren Absatzgebiete konnten jedoch durch das Syndikat wegen der Frachtdifferenz nicht allzu sehr heruntergedrückt werden und standen daher verhältnismäßig hoch. Die unterelbische und süddeutsche

Gruppe waren zwar dem nordwest-mitteldeutschen Syndikate nicht angeschlossen, hatten jedoch eine Abmachung mit ihm getroffen, die sie vor Unterbietungen seitens des Syndikates schützte. Der Preis stand im unterelbischen Gebiete auf 2,80—3,60 Mk. für 100 kg, die Fracht von Hannover bis Hamburg beträgt 51 Pfennig, die hannoverschen Fabriken hätten also die an der Unterelbe gut unterbieten können, wenn kein Vertrag bestanden hätte, denn die Preise des nordwest-mitteldeutschen Syndikates waren oft noch niedriger als 2,30 Mk., besonders bei Verkäufen in fremdes Gebiet. Ebenso hätte Süddeutschland unterboten werden können. Dort stand der Preis über 3,00 Mk., die Fracht von den nächstgelegenen rheinisch-westfälischen Werken beträgt z. B. nach Frankfurt a. M. 52 Pfennig, ihr Preis sank im Laufe des Jahres 1901 häufig unter 2,50 Mk., eine Konkurrenz wäre also sehr wohl möglich gewesen.

Nach Auflösung des nordwest-mitteldeutschen Syndikates setzte in 1902, wie wir wissen, ein ganz regelloser Kampf ein. Die ungeheure Produktion Mittel- und Westdeutschlands, die 1901 noch bedeutend eingeschränkt war, wurde nun mit einem Male frei, die Preise mußten daher erheblich sinken und gingen sogar vielfach unter die Kosten herab. Der Grund für die Preisherabsetzung lag vor allem in der Absicht, den Absatz zu vergrößern, um so möglichst viel von der Überproduktion los zu werden. Da der Markt dazu jedoch nicht genügend aufnahmefähig war, suchte einer dem andern die Abnehmer durch Unterbietungen streitig zu machen, was der zweite Grund für den Preisrückgang war. Süddeutschland und Unterelbe mußten jetzt ihre Preise natürlich auch erheblich herabsetzen, da nun nach Wegfall der Verträge auch sie von der Überproduktion überflutet wurden. In dem Gebiete des nordwest-mitteldeutschen Syndikates erreichten die Preise einen solchen Tiefstand, daß die einzelnen Gruppen dadurch vor der Konkurrenz der Nachbargruppen geschützt waren, obgleich teilweise nur ganz geringe Frachtdifferenzen bestanden. Im Osten des Reiches änderte sich nicht viel, da hier die Verhältnisse so ziemlich dieselben blieben wie in 1901.

Im folgenden Jahre 1903 verharrten die Preise weiter auf dem niedrigen Stande, da der Kampf noch forttobte. Im ersten Semester bestand in Rheinland-Westfalen eine lose Preiskonvention, die die Preise zwar heraufsetzte, aber nur sehr wenig, da sie sonst sofort von den in nächster Nachbarschaft liegenden hannoverschen Fabriken unterboten worden wäre. Nach ihrer Auflösung gingen die Preise im zweiten Semester wieder herab. 1904 trat dann das rheinisch-westfälische Syndikat in Tätigkeit und setzte die Preise zunächst auf 1,65 Mk. und ab 1. III. auf 1,95 Mk. für 100 kg. herauf. Eine größere Erhöhung war noch nicht möglich, da eine Anzahl von Fabriken noch außerhalb des Verbandes stand. Außerdem mußten an den Grenzen des Gebietes die Preise abgeschwächt werden, um der Konkurrenz aus Hannover und Mitteldeutschland zu begegnen, wo die Preise immer noch sehr niedrig waren. Daher konnte das rheinisch-westfälische Syndikat dort mit seinen heimischen Preisen nicht konkurrieren und mußte bei Verkäufen in diese Gebiete so weit heruntergehen, daß es inklusive Fracht ungefähr das Gleiche forderte wie die dortigen Fabriken. Das hat es auch tatsächlich getan. Es bot z. B. nach Erfurt 100 kg zu 1,44—1,71 Mk. an, die Fracht betrug 73 Pf., das ergibt zusammen 2,17—2,44 Mk., die mitteldeutschen Werke forderten 1,62—2,04 Mk., dazu kamen 36 Pfg. Fracht, so daß die Summe 1,98—2,40 Mk. betrug. Dieser Politik von Kartellen, die Preise, wenn nötig, im fremden Gebiete niedriger zu stellen als im eigenen, werden wir noch öfter begegnen. In Süddeutschland war ebenfalls eine allmähliche Preissteigerung zu bemerken, die auf Rechnung des neuen Syndikates zu setzen ist, das in diesem Jahre in Kraft trat und alle Außenseiter hereingenommen hatte.

Mit dem Jahre 1905 begannen nun die Preise überall merklich zu steigen, und es traten geregelte Verhältnisse ein sowohl innerhalb der einzelnen Gruppen als auch im Verkehre dieser miteinander infolge der Kartellgründungen und Vertragsabschlüsse, die wir bereits kennen gelernt haben. Diese Preissteigerung war natürlich zunächst in dem größeren Bedarfe begründet, wäre aber ohne die Verträge wenigstens in dem gleichen Maße nicht zu erreichen gewesen. Bei der losesten Form dieser Verträge wurde durch Mindestpreise dem gegenseitigen Unterbieten ein Ende gesetzt. Diese Form genügt dort, wo die beiden vertragschließenden Gruppen nicht sehr nahe aneinander liegen z. B. zwischen Stettin und Schlesien. Wenn der Preis in Stettin auf 2,50 Mk. für 100 kg stand und ein Mindestpreis von 2,00 Mk. vereinbart war, so konnten die Schlesier, da die Fracht von Oppeln bis Stettin 1,07 Mk. beträgt, nicht konkurrieren. Der Preis konnte jedoch in Stettin noch um 57 Pfg. steigen, ohne eine Konkurrenz zu ermöglichen. Wenn aber die Fracht nur 60 Pfg. betrüge, so würde ein Steigen der Stettiner Preise um mehr als 10 Pfg. durch die schlesischen Werke verhindert werden können. Man hätte dann also eine andere Abmachung treffen müssen. In Verträgen zwischen näher gelegenen Gruppen wurden daher die in das fremde Gebiet abzusetzenden Mengen kontingiert, und außerdem müssen die gegenseitigen Preise respektiert werden. Dadurch ist einmal ein Unterbieten unmöglich gemacht, andererseits wird aber auch verhindert, daß einer Gruppe von der Nachbarin so viel Absatz im eigenen Gebiet genommen wird, daß sie deshalb, ohne unterboten zu sein, die Preise herabsetzen muß. Dieselbe Wirkung wird mit noch größerer Sicherheit erzielt, wenn das eine Syndikat mit einem bestimmten Kontingente dem anderen beitritt.

Die Preise wurden nun von Syndikaten meist so festgesetzt, daß sie an den Grenzen des Gebietes abgeschwächt waren wie z. B. in Rheinland-Westfalen und Mitteldeutschland. Der Grund dafür war zunächst der, daß die Nachbarkartelle nicht immer geschlossen waren, sondern noch Außenseiter hatten, und ferner wohl der, daß man es der Nachbargruppe nicht allzu leicht machen wollte, das ihr zugestandene Maximum voll abzusetzen. War das eine Syndikat bei dem anderen direkt beteiligt, so war diese Maßnahme natürlich überflüssig. Das rheinisch-westfälische Syndikat verkaufte in den Jahren 1904 und 1905 franko jeder Station seines Gebietes bis zu Höchstfracht von 30 Pfg. für

100 kg ab Beckum, dem Zentrum der rheinisch-westfälischen Zementindustrie, was ungefähr einer Entfernung von 100 km entspricht, zu einem festen Preise; von 1906 ab nach allen Stationen seines Gebietes ohne Rücksicht auf die Entfernung. Es wurde dabei eine bestimmte Fracht zugrunde gelegt, ein Mehr oder Weniger war von den Fabriken zu tragen, respektive kam ihnen zugute. Die Abschwächung der Preise an den Grenzen blieb bestehen. Das hat für die Abnehmer die große Annehmlichkeit, daß sie alle ihren Bedarf an Zement zu dem gleichen Preise decken können und keiner gegenüber seinem Konkurrenten durch die größere Entfernung von der liefernden Zementfabrik benachteiligt ist. Das ist aber nur möglich, wenn ein Syndikat besteht, das die Aufträge nach Möglichkeit den geographisch bestgelegenen Fabriken zuteilt und außerdem durch Verträge so geschützt ist, daß es seine Preispolitik ungestört verfolgen kann. Die süddeutsche Zementverkaufsstelle verkauft ebenfalls franko, doch sind die Preise für die verschiedenen Orte verschieden je nach Maßgabe der Konjunktur, wodurch diese besser ausgenützt werden kann. Es müssen jedoch alle Fabriken nach einem bestimmten Orte zu einem bestimmten Preise liefern, ganz gleich, wie groß die Entfernung ist. Durch diese Politik des rheinisch-westfälischen und süddeutschen Syndikats wird erreicht, daß die zu einem Hauptabsatzgebiet günstig gelegenen Werke auch unter der Herrschaft des Kartells denselben Vorteil daran haben wie bei freier Konkurrenz, was dort nicht der Fall ist, wo das Kartell ab Fabrikstation zu einem bestimmten Preise verkauft.

Die schon erwähnte Politik der Kartelle, in fremde Gebiete auch dann zu verkaufen, wenn dort die Preise niedriger standen als im eigenen, können wir auch in der Zeit der Verträge zwischen den Verbänden beobachten. So verkauften die süddeutschen Werke 1905 in ihrem eigenen Gebiete am Rhein 100 kg für 3,05—3,35 Mk., während der Preis in Rheinland-Westfalen auf 2,50 Mk. stand. Trotzdem waren sie an dem Absatze des rheinisch-westfälischen Syndikates beteiligt und haben auch dorthin geliefert. Durch diese Preispolitik wird die Notwendigkeit der Verträge noch vergrößert. Denn, wenn sie nicht bestünden, würde ein Gebiet mit niedrigeren Preisen ein anderes mit höheren nicht nur dann unterbieten, wenn die Preisdifferenz mindestens gleich der Frachtdifferenz ist, sondern auch, wenn sie kleiner ist. Schließlich wäre es auch möglich, daß die Gruppe mit dem im eigenen Gebiete höheren Preise einer anderen mit einem niedrigereren Konkurrenz macht. Dafür ein Beispiel:

Erster Fall: Preisdifferenz größer als Frachtdifferenz.

Nach Wiesbaden wird Zement verkauft:

Preis in Rheinland-Westfalen . . . . 2,50 Mk.,
Fracht Köln-Wiesbaden . . . . 0,53 „
                                        _____
                          Zusammen: 3,03 Mk.

Die süddeutschen Werke haben aber tatsächlich ohne Fracht für 3,0—3,35 Mk. angeboten, ihr Preis würde also ohne den Vertrag gedrückt worden sein.

Zweiter Fall: Preisdifferenz kleiner als Frachtdifferenz.

In Erfurt wird Zement gebraucht:

Preis in Mitteldeutschland . . . . . . 2,88—3,47 Mk.,
Fracht von dem nächsten mitteldeutschen
Werke . . . . 0,16 „
                                        _____
                          Zusammen: 3,04—3,63 Mk.

Preis in Rheinland-Westfalen . . . . 2,50 Mk.,
Fracht von dem nächsten rheinisch-westfälischen
Werke . . . . 0,74 „
                                        _____
                          Zusammen: 3,24 Mk.

Die mitteldeutschen Preise differieren nach dem Bestimmungsorte; ohne Bestehen des Vertrages hätte also wohl der niedrigste Preis im Grenzgebiete gegen Rheinland-Westfalen gegolten, also mit Fracht 3,04 Mk. Die rheinisch-westfälischen Werke

hätten also mit ihrem heimischen Preise nicht konkurrieren
können. Infolge der erwähnten Preispolitik wären sie jedoch
sicher bei diesem Verkaufe um 20 Pfg. und mehr herunter-
gegangen, der mitteldeutsche Preis hätte also nicht gehalten
werden können.

Dritter Fall: Der Preis im eigenen Gebiete ist höher als
in dem des Bestimmungsortes.

In Kassel wird Zement gebraucht:

Preis in Rheinland-Westfalen . . . . 2,50 Mk.,
Fracht von dem nächsten Werke . . . 0,38 „
                       Zusammen: 2,88 Mk.

Preis in Mitteldeutschland . . . . . 2,91 Mk.,
Fracht von dem nächsten Werke . . . 0,60 „
                       Zusammen: 3,51 Mk.

Gingen die mitteldeutschen Werke noch um 63 Pfg. mit dem
Preise herunter, so könnten sie ohne Vertrag den rheinisch-
westfälischen Preis drücken. Tatsächlich haben sie 1904, als
noch freie Konkurrenz herrschte, noch billiger angeboten, ein
Beweis dafür, daß es ihnen noch möglich wäre, um den genannten Satz billiger zu liefern.

Der Berliner Markt war bis Ende 1905 noch offen. In den
Jahren, in denen auch in den übrigen Gebieten noch freie Konkurrenz herrschte, war der Berliner Preis immer noch etwas höher
als in diesen, obgleich sich in Berlin mehrere Gruppen im Konkurrenzkampfe trafen. Das ist daraus zu erklären, daß die
Berliner Fabriken besonders bei dem damals wieder steigenden
Bedarfe nicht allein imstande waren, die Nachfrage ganz zu befriedigen, weshalb der Preis immer gleich der Summe des Preises
des billigsten zur Deckung des Bedarfs noch nötigen auswärtigen
Zements und seiner Fracht nach Berlin sein mußte. 1905 war
der Berliner Markt allein noch offen. Die Nachbargruppen waren
gewöhnt, ihre Überproduktion dort abzusetzen und taten das

5*

auch zu Preisen, die niedriger waren als ihre heimischen, da in
Berlin freie Konkurrenz herrschte, in den übrigen Gebieten aber
nicht. Jetzt konnten die Berliner Preise also nicht mehr oder
wenigstens nicht mehr viel über denen in Mitteldeutschland,
Hannover usw. stehen, wenn nicht Berlin von auswärtigem
Zement überschwemmt werden sollte, denn für Berlin waren
jetzt die Preise der anderen Gruppen weit niedriger als in deren
engeren Absatzgebieten, was vor Bestehen der Kartelle nicht
der Fall gewesen war. Der Berliner Preis stand daher auf
2,54—2,79 Mk. Das war für die dortigen Werke kein schlechter
Preis, für die der Nachbargruppen blieb jedoch nicht mehr viel
übrig, wenn man die Frachten abzieht, so daß diese also nicht
gut unterbieten konnten. Vom Jahre 1906 ab trat nun die
Preiskonvention für den Berliner Markt in Kraft, d. h. alle
Werke durften exklusive Fracht nicht unter einem bestimmten
Preise verkaufen. Es kamen nun also zunächst die Fabriken
mit der geringsten Fracht in Betracht, erst wenn diese den
Bedarf nicht mehr decken konnten, wurde das Werk mit der
nächst höheren Fracht herangezogen. Der Preis der Berliner
Fabriken konnte also, wenn der Konsum dadurch nicht vermindert wurde, um den vollen Betrag der Fracht des
nächsten auswärtigen Werkes über den Mindestsatz steigen
und ging auch tatsächlich in den nächsten Jahren fast ständig
in die Höhe.

Diese Preispolitik, wie wir sie soeben kennen gelernt haben,
konnte nun solange verfolgt werden, als die Kartelle einigermaßen geschlossen bestanden und die Verträge zwischen ihnen
in Kraft waren. Solange konnte jedes Kartell die Preise in
seinem Gebiete nach eigenem Gutdünken je nach der Marktlage so stellen, daß seine Mitglieder möglichst viel verdienten
und brauchte nicht auf fremde Einflüsse Rücksicht zu nehmen.
Infolge dieser Lage waren die Preise damals auch überall hoch.
Diese Zeit dauerte aber nicht lange, wie wir ja aus dem vorigen
Kapitel wissen. Schon 1908 verloren die Schlesier die Monopolstellung in ihrem engeren Absatzgebiete durch das Entstehen

von drei neuen Fabriken, mit denen der Kampf aufgenommen werden mußte, der die Preise immer weiter herunterdrückte, bis schließlich für die meisten Fabriken kein Verdienst mehr übrig blieb. In Rheinland-Westfalen mußten die Preise gegen Belgien wegen des dortigen Naturzements ermäßigt werden. Jetzt beginnt wieder die Zeit einer Krise. Die Monopolstellung der Verbände wurde durch neu entstandene Außenseiter gestört, überall gingen die Preise herab. Am schlimmsten wirkten die Auflösungen des Berliner Vertrages und des mitteldeutschen Verkaufsvereines auf die Preise. In Berlin mußten sie stark fallen; es traten wieder dieselben Verhältnisse ein wie vor 1906, sie wurden noch dadurch verschlechtert, daß in Mitteldeutschland freie Konkurrenz und Kampf herrschten. Unter dem letzteren Übelstande hatten auch alle anderen Gruppen außer der Stettiner zu leiden. Die ganze Preispolitik bestand im mitteldeutschen Gebiete wie zur Zeit der letzten Krise in dem gegenseitigen Unterbieten und war nur darauf gerichtet, möglichst viel Zement abzusetzen und dem Konkurrenten den Absatz streitig zu machen. Die Nachbargruppen mußten daher ihre Preise ebenfalls ermäßigen. Das war zum Teile, besonders in Rheinland-Westfalen, schon durch den Kampf im Innern gegen neue Außenseiter nötig geworden, wurde aber durch die mitteldeutsche Konkurrenz noch schlimmer. Der Preis des rheinisch-westfälischen Syndikates stand 1910 durchschnittlich auf 2,526 Mk. für 100 kg frei allen Stationen des Gebietes. Mitteldeutsche Werke boten aber z. B. nach Kassel zu 1,65—1,85 Mk. an, dazu kamen noch 60 Pfg. Fracht, so daß der mitteldeutsche Preis für Kassel 2,05—2,45 Mk. betrug, das rheinisch-westfälische Syndikat dorthin also unter seinem Durchschnittspreis anbieten mußte, es verlangte auch tatsächlich nur 2,07 Mk. inklusive Fracht. Ebenso erging es den anderen Gruppen, die an Mitteldeutschland angrenzten. Im Jahre 1911, als die deutsche Zementindustrie wieder einig war, traten auch wieder geregelte Preisverhältnisse ein, außer in Berlin, wo sich die dortigen Fabriken erst von 1912 ab einigten, und in Rheinland-Westfalen, wo besonders die vielen Außenseiter auch heute noch die Preise niedrig halten.

Gerade aus dieser Betrachtung der Preise erkennen wir am besten, welche Bedeutung die Kartelle und die Verträge zwischen ihnen für die deutsche Zementindustrie haben, denn ohne sie sind eine geregelte Preisbildung und gewinnbringende Preise unmöglich, also ein Gedeihen der Industrie undenkbar.

IV.

Die deutsche Portland-Zementindustrie in ihrem Verhältnisse zum Auslande.

Bei unserer Betrachtung der wirtschaftlichen Entwicklung der deutschen Zementindustrie haben wir gesehen, daß bei ihr seit über zehn Jahren die Gesamtproduktionsfähigkeit den gesamten Bedarf im Inlande weit übersteigt. Daraus geht hervor, daß sie die Ausfuhr unmöglich entbehren kann, ja daß diese im Gegenteil für sie eine äußerst wichtige, wenn nicht eine Lebensfrage geworden ist. Die Größe und Rentabilität der Ausfuhr hat auch einen großen Einfluß auf das Verhältnis von Produktion und Bedarf und daher die Preise im Inlande ausgeübt. Außerdem kommt es aber auch noch darauf an, in welchem Maße das Ausland durch Einfuhr auf dem deutschen Markte Konkurrenz macht. ·

Nachdem die deutsche Zementindustrie aus den Kinderschuhen herausgewachsen war und den Inlandsbedarf allein decken konnte, verdrängte sie zunächst die englische Ware vollständig; darauf fing sie bald an, auch nach dem Auslande Zement zu versenden und fand gute Absatzgebiete in Rußland, Österreich-Ungarn, der Schweiz, Belgien, Holland, den nordischen Ländern und in überseeischen Gebieten, wo die Vereinigten Staaten von Nordamerika stets ihre Hauptabnehmer waren. Doch ebenso wie die englische Zementindustrie ihr ehemals bedeutendes Absatzgebiet in Deutschland verloren hatte, so erging es später auch den deutschen Fabriken mit ihren Ausfuhrländern. Auch hier entstand allmählich eine eigene Industrie, die die deutsche Ware immer mehr verdrängte. Begünstigt wurde diese Entwicklung noch dadurch, daß fast alle Nachbarstaaten hohe Zölle auf die

Einfuhr von Zement legten, unter deren Schutz die junge Industrie sich ungestört weiter entwickeln konnte. Diese Bewegung setzte ungefähr zu Anfang der 80 er Jahre ein. 1882 führte Österreich-Ungarn einen Zoll von 1 Krone für 100 kg[1] Zement ein, Rußland erhöhte 1881 seinen Zoll von 3 auf 7 Kopeken für 1 Pud[2], d. h. von 0,405 Mk. auf 0,945 Mk. für 100 kg, die Schweiz erhöhte ihren Zoll 1884 ebenfalls und zwar von 0,30 auf 0,70 fr. für 100 kg[3]. Von den übrigen kontinentalen Staaten, soweit sie für Deutschland in Betracht kamen, hatten noch Zölle: Norwegen 0,20 Kr. Minimal- und 0,25 Kr. Maximalzoll für 100 kg, d. i. 0,225 resp. 0,281 Mk., Schweden 0,60 Kr. oder 0,675 Mk. für 100 kg und Frankreich 0,75 fr. = 0,6075 Mk. für 100 kg; Dänemark, Finnland, Belgien und Holland waren zollfrei. Frankreich ist insofern von Wichtigkeit, als es den deutschen Fabriken in Elsaß-Lothringen ihr heimisches Absatzgebiet streitig macht.

Wie stand es nun damals mit der Zementindustrie in unseren Nachbarstaaten? In Rußland gab es einige Fabriken, in den baltischen Landstrichen und in Südrußland. Wenn früher auch deutscher Zement nach Südrußland ging, so haben für uns doch die Fabriken in Polen bei weitem das größte Interesse, weil sie unmittelbar an der Grenze liegen und auch für eine Einfuhr nach Deutschland in Betracht kommen. Dort gab es bis zum Jahre 1895 nur zwei Fabriken[4]. In Österreich wurde die erste Zementfabrik 1842[5] in Kufstein errichtet, produzierte aber zunächst wohl nur Romanzement. 1897 bestanden 34[5] Fabriken, von denen die meisten in Niederösterreich und Tirol lagen. In Österreich-Schlesien gab es damals noch keine Fabrik. In der Schweiz ist die Zementfabrikation ebenfalls sehr alt, hat aber eine sehr langsame Entwicklung gehabt, auch wird dort viel Romanzement fabriziert, was früher noch in weit stärkerem Maße der Fall war. In den 80 er Jahren war jedenfalls die schweizerische Industrie noch

---

[1] Deutsches Wirtschaftsjahr 1882.
[2] Jahresbericht der Handelskammer Stettin 1881.
[3] Jahresbericht der Handelskammer Mainz 1883/84.
[4] Mohr, S. 1211.
[5] Mohr, S. 120

nicht fähig, den ganzen Inlandsbedarf allein zu decken, weshalb viel aus Süddeutschland und Frankreich importiert wurde. Belgien hatte damals noch keinen großen Einfluß auf den deutschen Markt. Es bestand zwar dort schon eine Zementindustrie, doch fand sie größtenteils ihren Absatz im Inlande, in Holland und den überseeischen Ländern, ohne den deutschen Markt sehr zu belasten. Über die deutsche Ausfuhr nach Belgien läßt sich an der Hand der Statistiken nie etwas Genaues sagen, da Belgien Durchgangsland für den überseeischen Export ist. Es kommt überhaupt immer in erster Linie nur als exportierendes Land für uns in Betracht. Holland hat heute noch keine Zementfabriken, weil dort das nötige Rohmaterial fehlt. In den nordischen Ländern war in den 80 er Jahren die Zementindustrie noch klein und ohne wesentliche Bedeutung für Deutschland.

Solange die ausländische Industrie noch nicht groß war, und der deutsche Zement im Auslande noch nicht entbehrt werden konnte, mußten die Abnehmer wenigstens einen Teil des Zolles tragen, seine Wirkung war daher noch nicht allzu schlimm. Immerhin ging der Absatz im Verhältnis zu dem Gesamtverbrauch zurück und die Preise wurden noch ungünstiger, da sie nicht um den vollen Betrag des Zolles erhöht werden konnten, wenn nicht der Konsum zurückgehen sollte. Schnell jedoch wuchsen die ausländischen Zementindustrien heran und die Verhältnisse wurden für die deutschen Fabriken immer ungünstiger. In Rußland wurde 1885 der Zoll abermals erhöht auf 1,58 Mk. pro 100 kg [1]; dadurch wurde der Absatz sehr beschränkt, was besonders für die schlesischen Fabriken sehr fühlbar war. Diese brachten nun mehr Zement auf den Berliner Markt und machten auch in Stettin den dortigen Werken zeitweise Konkurrenz, um für das verlorene russische Geschäft Ersatz zu finden. Während des russischen Zollkrieges 1893 hörte der Absatz ganz auf. Der Absatz nach Österreich wird abgesehen vom Zolle, auch noch durch die Frachtpolitik der österreichischen Bahnen beschränkt, die die einheimische Industrie sehr stark begünstigt. Für die

---

[1] Jahresbericht der Handelskammer Oppeln 1883.

Ausfuhr bestehen besonders billige Frachtsätze, und auch im Inlande wird heimischer Zement billiger befördert als fremder. Infolge der hohen österreichischen Frachtsätze haben die schlesischen Fabriken auch so gut wie gar keinen Absatz nach Rumänien und Serbien; in ersterem herrscht englischer und französischer Zement vor, der zur See billig hingebracht werden kann, in letzterem österreichischer. Auch durch Ausfuhrprämien hat das österreichische Syndikat zeitweise seine Mitglieder instand gesetzt, in Deutschland zu außerordentlich billigen Preisen zu verkaufen. In der Schweiz machte neben der einheimischen die französische Industrie der süddeutschen Konkurrenz. Diese war also schon früher als die Gruppen im übrigen Deutschland vom Auslande bedrängt und hier war die Gefahr der Einfuhr aus dem Auslande, nämlich aus der Schweiz und Tirol in der Zeit zu Beginn der 90er Jahre am größten. Daher ertönte schon damals von Süddeutschland her der Ruf nach einem deutschen Zolle auf Zement, der jedoch von den übrigen deutschen Fabrikanten nicht befürwortet wurde mit der Begründung, die Einfuhr sei sehr klein, ein deutscher Zoll könne aber leicht eine Erhöhung der ausländischen zur Folge haben, was die deutsche Industrie in ihrer Ausfuhr schwer schädigen würde. Während der 90er Jahre nahm nun die Entwicklung zu Ungunsten Deutschlands ihren Fortgang. Die Einfuhr wuchs, die Ausfuhr nahm verhältnismäßig ab und das Verhältnis beider wurde immer schlechter. Die stärkste Gründungtätigkeit wurde ebenso wie bei uns auch bei unseren Nachbarn Ende der 90er Jahre entwickelt. So bestanden in Russisch-Polen 1895 nur zwei, 1899 sieben und Ende 1900 bereits elf Werke[1], die nahe an der Grenze lagen und teilweise von dem oberschlesischen Industriebezirk weniger weit entfernt waren als die schlesischen Fabriken. Die österreichische Zementindustrie wuchs ebenfalls mächtig empor; besonders unangenehm war es für die Schlesier, daß hart an der deutschen Grenze von deutschem Kapitale zwei Zementfabriken, die eine

---

[1] Mohr, S. 1212.

in Tschischkowitz in Böhmen, die andere in Golleschau in Österreichisch-Schlesien errichtet wurden, die in erster Linie für den Absatz nach Deutschland berechnet waren. In den anderen Nachbarländern blühte die Zementfabrikation auch immer mehr auf; unter dem Schutze der hohen Zölle konnte diese Entwicklung ungestört vor sich gehen, das gute Gedeihen der ersten Fabriken gab den Anreiz zu immer weiteren Gründungen. Natürlich war in den letzten Jahren vor der Jahrhundertwende die allgemeine wirtschaftliche Hochkonjunktur der Hauptgrund für das rapide Wachsen auch im Auslande, daneben ermutigten auch noch die sehr guten Erträgnisse der deutschen Fabriken zu Neugründungen. So kam es, daß schon 1898 die Einfuhr aus Rußland und der Schweiz größer war als die Ausfuhr dorthin; dasselbe trat im Jahre darauf im Verkehr mit Österreich ein, während früher die deutsche Ausfuhr nach diesen Ländern wie überall hin die Einfuhr bedeutend überwogen hatte. Das gilt jedoch nicht für das Verhältnis von Österreich zu den schlesischen Fabriken. Zwar wuchs auch die österreichische Einfuhr in das schlesische Absatzgebiet, doch der Versand der schlesischen Werke nach Österreich war noch bei weitem größer, ging aber auch zurück. Das Überwiegen der österreichischen Einfuhr kommt also auf das Konto Süddeutschlands.

Die Statistik aus den Jahren 1895—1900 über die deutsche Ein- und Ausfuhr gibt uns folgendes Bild:

Jahr	Rußland [1]		Österreich [2]		Schweiz [3]	
	Einfuhr Tonnen	Ausfuhr Tonnen	Einfuhr Tonnen	Ausfuhr Tonnen	Einfuhr Tonnen	Ausfuhr Tonnen
1895	—	2674	—	32 113	4 491	18 127
1896	—	2370	8 802	32 817	7 169	22 484
1897	120	3033	11 080	30 484	10 453	19 678
1898	1672	1060	15 993	27 449	16 885	15 522
1899	2448	191	20 683	19 991	21 821	11 011
1900	3141	31	36 968	22 675	18 111	6 403

[1] Oppelner Handelskammer, Akten über Tarifierung von Zement.
[2] Mohr, S. 1210.
[3] Mohr, S. 1214.

Wie wir aus diesen Tabellen ersehen, ist das Zurückgehen der Ausfuhr und das Anwachsen der Einfuhr geradezn sprunghaft vor sich gegangen. Äußerst ungünstig war es, daß das Überwiegen der Einfuhr kurz vor der großen Krise anfing, vielleicht hat es diese sogar mit verursacht. Auch im Auslande war die wirtschaftliche Konjunktur damals schlecht, auch dort herrschte Überproduktion, und daher suchten die ausländischen Werke erst recht viel Zement nach Deutschland zu bringen. Der Kampf, der damals herrschte, wurde dadurch noch schärfer und die Preise noch schlechter, so schlecht, daß sich die Einfuhr aus dem Auslande schließlich nicht mehr recht lohnte. Die Beziehungen zu den Nachbarländern waren also unhaltbar geworden, die Preise wurden durch sie mit unter Druck gehalten, es mußte ein Weg gefunden werden, um diese Verhältnisse zu ändern. Das einzige Mittel, das helfen konnte, waren Vereinbarungen mit der benachbarten ausländischen Industrie. Begünstigt wurden diese dadurch, daß sich auch im Auslande Kartelle gebildet hatten. Durch die Zölle war die deutsche Zementindustrie bei den Verträgen von vornherein im Nachteile. Daher waren diese auch meist für die deutschen Fabriken mit großen Opfern verbunden. Der Vertrag der schlesischen Fabriken mit den russischen verpflichtete die ersteren, ihre Preise in Rußland stets höher zu stellen als die dortigen und schränkte dagegen den Absatz der letzteren nach Schlesien ein. Der Absatz nach Rußland hörte nun so gut wie ganz auf. 1902 schloß das schlesische Syndikat mit dem österreichischen einen Vertrag, wonach die galizischen und österreichisch-schlesischen Fabriken auf den Export nach Schlesien verzichteten, wogegen sich das schlesische Syndikat verpflichtete, jährlich 40 000 Mk. zu zahlen, nur eine beschränkte Menge Zement nach Österreich-Ungarn abzusetzen und außerdem stets 50 h pro Faß teurer zu sein als das österreichische Kartell[1]. Im nächsten Jahre traf das schlesische Kartell mit der Portland-Zementfabrik in Tschischkowitz ein Sonderab-

---

[1] Jahresbericht der Handelskammer Oppeln 1902.

kommen, weil diese ihm sein Absatzgebiet im Königreich Sachsen streitig machte. Danach zahlte das Syndikat an die genannte Fabrik jährlich 10 000 Mk. und mußte ein bestimmtes Quantum für sie absetzen, während sie den Versand nach Sachsen einstellte [1]. Das süddeutsche Syndikat traf 1904 ebenfalls eine Abmachung mit dem österreichischen und zwar des Inhalts, daß jedes Kartell eine bestimmte Menge des anderen abzusetzen hat, wobei der Anteil Österreichs vier mal so groß festgesetzt wurde als der Süddeutschlands [2]. Mit seinem anderen Nachbarn, der Schweiz verglich sich der süddeutsche Verband ebenfalls; danach sollte der Absatz in das fremde Land von beiden Kontrahenten eingestellt werden außer bei beiderseitigen Rheinbauten an der Grenze, bei denen beide Länder an der Zementlieferung gleichmäßig beteiligt sein sollten [2]. Auch die belgischen Fabriken haben namentlich in neuerer Zeit in Rheinland-Westfalen und Holland den deutschen Werken starke Konkurrenz gemacht, was ihnen um so leichter wurde, als sie wegen niedrigerer Löhne und sozialer Lasten billiger produzieren. Auch hier wurde eine vertragliche Regelung notwendig, sie kam 1904 mit Wirkung ab 1905 zustande, und es beteiligten sich daran die drei Syndikate in Süddeutschland, Rheinland-Westfalen und Belgien. Das letztere stellte seinen Absatz in das Gebiet der beiden ersteren und aller derer, die sich diesem gegenüber verpflichtet hatten, keinen Zement nach Belgien zu liefern, ein und übernahm den Absatz eines bestimmten Anteils für das süddeutsche und rheinisch-westfälische Syndikat. Für den Absatz in Holland gründeten die drei Syndikate die Handelsgesellschaft „Vereinigte Deutsch-Belgische Zementfabriken" mit einer Verkaufsstelle, die den Absatz nach bestimmten Prozentsätzen auf sie verteilt. Seiner Struktur nach entspricht dieses holländische Syndikat den höher entwickelten deutschen Kartellen. Ihm traten auch noch der englische Zementtrust, die Société Anonyme des Ciments Français in Paris und die Portland-Zementwerke in Christiania bei. Es

---

[1] Akten der Oppelner Handelskammer über Tarifierung von Zement.
[2] May, S. 70.

ist das erste internationale Kartell auf dem Zementmarkte und vereinigte bei der Gründung alle Produzenten von Portlandzement, die für den holländischen Markt in Betracht kamen. Mit den dänischen Fabriken mußte ebenfalls ein Vertrag abgeschlossen werden, denn während früher von Stettin aus viel Zement dorthin gebracht wurde, hörte das später ganz auf und kehrte sich in das Gegenteil um, weil die dänische Zementindustrie stark gewachsen war und für ihre Überproduktion sogar an der deutschen Ostseeküste Absatz suchte. So wurde der deutsche Markt mehr als vorher belastet; dazu kommt noch, daß die Stettiner Werke seitdem die Mengen, die früher nach Dänemark gingen, im Inlande unterbringen müssen.

Alle diese Vereinbarungen mit dem Auslande haben zweifellos der deutschen Zementindustrie sehr viel Segen gebracht. Der Absatz nach den Nachbarländern mit eigener Zementproduktion ist zwar durch sie nicht gefördert, im Gegenteil eher eingeschränkt worden, aber eine Überschwemmung des deutschen Marktes mit fremder Ware wurde verhindert; an allen Grenzen schützten die Verträge davor. Dadurch wurde erreicht, daß die ausländische Konkurrenz die Entwicklung der Konjunktur auf dem Zementmarkte im allgemeinen und die der Preise im besonderen nicht störte; erst jetzt konnten die Kartelle die Marktlage vollständig überblicken und die Produktion demnach einrichten. So haben diese Verträge an dem Aufschwunge der deutschen Portland-Zementindustrie in den Jahren 1904—1907 sicher ihr gut Teil Verdienst gehabt.

Freilich konnten diese Verträge für die Dauer nicht Bestand haben oder doch wenigstens ihre volle Wirkung nicht ausüben, denn wie wir gesehen haben, entstanden in Deutschland in guten Zeiten immer wieder neue Fabriken und ebenso war es in den Nachbarländern. Diese neuen Fabriken hüben wie drüben gehörten aber den alten Syndikaten meist zunächst noch nicht an, waren also an deren Abmachungen nicht gebunden und machten sie zum Teil illusorisch. Durch die Neugründungen und die allgemeine rückgängige Konjunktur wurde ebenso wie früher auch

1908 wieder eine Überproduktion und schließlich eine Krise hervorgerufen. Nun suchten aber die freien Fabriken auf beiden Seiten erst recht ihre Überproduktion in das Ausland abzustoßen, auch wenn es ohne Gewinn war, so daß die Verträge überhaupt keinen Nutzen mehr brachten, im Gegenteile die gebundenen Werke gegenüber den freien benachteiligt waren. So wurden die Abmachungen zum Teil haltlos, um so mehr als auch die ausländischen Syndikate nicht alle bestehen blieben; das österreichische und schweizerische lösten sich 1909 auf. Die Folge war ein wilder Preiskampf gegen das Ausland, der die bestehende Krise noch verschlimmerte, auf allen Seiten tiefe Wunden schlug und die Notwendigkeit neuer Abmachungen allen klar machte. Es ging mit diesen ebenso wie mit den Kartellen im Inlande. Erst wenn die Konjunktur anfing, wieder besser zu werden, wenn die Verhältnisse auf beiden Seiten geklärt waren, kamen sie zustande. Vor allem mußten die Kontrahenten in sich einig sein und durften nicht zu viel Außenseiter haben. So wurde Ende 1910 mit den österreichischen und schweizerischen Fabriken, nachdem diese sich selbst wieder zusammengeschlossen und die Außenseiter aufgenommen hatten, die alten Vereinbarungen getroffen, so daß heute die Beziehungen Deutschlands zu den Nachbarländern auf dem Zementmarkte im allgemeinen wieder geregelt sind.

Ein sehr scharfer und deshalb sehr unangenehmer Konkurrent ist in den letzten Jahren der deutschen und besonders der rheinisch-westfälischen Zementindustrie in dem belgischen Naturzement erwachsen. Dieser ist wegen seiner einfachen Herstellung bedeutend billiger als Portlandzement, jedoch diesem in der Qualität nicht ebenbürtig und deshalb auch weit weniger zuverlässig. Es sind vielfach schlechte Erfahrungen mit ihm gemacht worden infolge von Wirkungen, die dann oft aus Unkenntnis der wirklichen Art des Zementes für Eigenschaften des Portlandzementes gehalten wurden und so seinen Ruf schädigten. Der belgische Naturzement ist vielfach von gewissenlosen Händlern in alte Säcke deutscher Portland-Zementfabriken verpackt und als reiner Portlandzement verkauft worden, ohne daß besonders kleinere Verbraucher, die nichts von der Sache verstanden, den Betrug merkten. An der schlechten Lage und den Absatzschwierigkeiten in der rheinisch-westfälischen Zementindustrie hat er viel Schuld. Man ist daher mit allen Mitteln gegen ihn vorgegangen, hat jedoch keine Abmachungen mit seinen Produzenten getroffen, da man mit Recht hoffen konnte, ihn wegen seiner geringen Qualität auf andere Weise verdrängen zu können. Wegen seiner ungleichmäßigen Zusammensetzung ist seine Güte stets ganz verschieden gewesen. Bisweilen entsprach er den alten deutschen Normen, wofür es jedoch keine Garantie gab; an den deutschen Portlandzement reichte er inbezug auf Festigkeit und Zuverlässigkeit nie heran. Daher wurden 1908 die deutschen Normen verschärft und die Begriffserklärung geändert, so daß Naturzement gesetzlich nicht mehr als Portlandzement verkauft werden darf. Das rheinisch-westfälische Zementsyndikat führte besonders billige Kampfmarken gegen ihn ein und es wurde tatsächlich erreicht, daß der Import zurückging. Diese Marken waren in der Qualität nicht etwa schlechter als die übrigen des Syndikats, auch wurden sie nur in den Kampfgebieten an der belgischen Grenze billiger verkauft, im übrigen jedoch nicht. Darin sehen wir wieder eine segensreiche Wirkung der Syndikate. Durch besondere Kampfmarken werden die Preise im allgemeinen höher gehalten; die betreffenden Werke erhalten vom Syndikate dieselben Abschlagspreise wie die übrigen, an dem Mindererlös sind also alle Fabriken beteiligt. Bei freier Konkurrenz hätten die Preise aller Marken gegen den belgischen Naturzement herabgesetzt werden müssen.

Der Export deutschen Zement auf dem Kontinente ist also immer geringer geworden und hat seine Bedeutung für die Entlastung des Inlandsmarktes verloren. Die deutsche Zementindustrie ist sogar heute gezwungen, durch zum Teil sehr beträchtliche Opfer einen allzu großen Import fremden Zements hintanzuhalten, trotzdem ist dieser, wie uns Tabelle II zeigt, noch sehr groß und im Steigen begriffen, während der Ausfuhrüberschuß immer kleiner wird, was allein auf die Rechnung des kontinentalen Auslandes zu setzen ist. Wollte man die Ausfuhr Deutschlands nach europäischen Staaten allein mit der Einfuhr aus diesen vergleichen, so wäre das Verhältnis noch viel schlechter (siehe Tabelle IIb).

Die ausländische Konkurrenz belastet also den deutschen Markt indirekt, indem sie den deutschen Zement aus dem Auslande verdrängt, und direkt, indem sie ihm sein engstes Absatzgebiet streitig macht. Die einzigen Länder in Europa, nach denen der deutsche Zementexport wächst, sind Finnland und Holland; beide erzeugen nicht selbst Zement und erheben auch keinen Zoll. Es ist wünschenswert, daß der Staat sich bemüht die deutsche Zementindustrie mit der ausländischen gleichzustellen. Ein deutscher Schutzzoll ist nicht nötig, wenn die Nachbarstaaten auch keinen erheben, außerdem aber sollte durch Frachtvergünstigungen auf den Eisenbahnen die Ausfuhr erleichtert werden, ebenso wie es im Auslande geschieht. Bei den bestehenden Verhältnissen sind die deutschen Fabriken, die den Export wegen des bedeutenden Hinausragens der Produktion über den Bedarf nicht entbehren können, hierin auf die überseeischen Länder angewiesen.

Dafür kommen ihrer Lage nach hauptsächlich die am Wasser gelegenen Gruppen der deutschen Zementindustrie, also die Stettiner, die unterelbischen und die rheinisch-westfälischen Werke in Betracht. Letztere haben auf dem Rheine eine sehr günstige Verschiffungsgelegenheit und führen ihre Waren großenteils über Belgien aus, weshalb die deutsche Einfuhr in dieses Land, wie schon einmal betont, vielfach nur Durchgangsgut ist. Die Stettiner Fabriken haben trotz ihrer Lage an der See keinen großen Anteil am Export über den Ozean, weil ihnen schon von jeher genügende Schiffsverbindungen gefehlt haben. Man muß hierbei beachten, daß Zement häufig als Schwergut verfrachtet wird und als solches auch sehr beliebt ist. Vielfach wird es auch von Schiffen, die andere Ware gebracht haben als Ladung für den Rückweg genommen, wodurch sich die Fracht ebenfalls

billiger stellt. Wollte man ihn auf besonderen Schiffen ver-
schicken, so würde das zu teuer sein.

Vor 20—25 Jahren beherrschte der englische Zement den
überseeischen Markt. Durch die gute Qualität der deutschen
Ware und die rastlosen Bemühungen der deutschen Fabrikanten
ist es diesen jedoch gelungen, große Erfolge im überseeischen
Handel zu erzielen und die Engländer immer mehr zu verdrängen,
so z. B. aus Amerika, Südafrika und Australien. In letzter Zeit
jedoch, zum Teil schon seit 1900, haben sich die Verhältnisse
wieder verschlechtert, wie wir im folgenden sehen werden, und
die deutschen Werke mußten sich immer wieder neue Absatzgebiete erobern.

Die Hauptabnehmer Deutschlands in den überseeischen
Ländern sind stets die Vereinigten Staaten von Nordamerika
gewesen; doch hat auch hier ebenso wie auf dem Festlande die
aufblühende einheimische Industrie die fremde Ware immer mehr
verdrängt. Die amerikanische Portland-Zementindustrie ist erst
ziemlich spät entstanden. Zwar wurde schon 1865 eine Zementfabrik gegründet, doch stellte sie nur den sogen. natural cement
her, der nur ein hydraulischer Kalk war[1]. Erst in den 90 er
Jahren setzte eine starke Gründungstätigkeit ein, besonders gegen
Ende des Jahrzehnts. Die Produktion stieg von 1895—1900 von
1,00 auf 8,5 Mill. Faß (Tabelle II b). Ganz außerordentlich rasch
blühte die Zementindustrie in den letzten zehn Jahren auf, so
daß ihre Produktion 1910 bereits 73 Mill. Faß betrug. Die
Vereinigten Staaten erheben einen Zoll von 0,672 Mk. pro 100 kg
Zement. Der größte Teil der Einfuhr kommt aus Deutschland,
nach diesem aus Belgien. Gemäß der ungeheuren Zunahme der
Produktion in den Vereinigten Staaten ist die Einfuhr immer
mehr zurückgegangen. Freilich ist der Verbrauch dort auch
enorm gestiegen, aber doch nicht in demselben Maße. Im Jahre
1902 erreichte die deutsche Einfuhr beinahe wieder die alte Höhe
infolge eines unerwartet großen Bedarfes, der durch große

---

[1] Mohr, S. 124.

Arbeiten zur Verbesserung der Eisenbahnstrecken und durch den Bau der New-Yorker Untergrundbahn hervorgerufen wurde. Die amerikanischen Fabriken hatten einen großen Teil ihrer Produktion schon vorher verkauft, so daß viel importiert werden mußte. Doch hörte die große Nachfrage bald wieder auf und die Einfuhr sank wieder. Ein ansehnlicher deutscher Export war nur noch über die südlichen Häfen und die an der Pacific-Küste möglich, weil es dort noch wenig Zementfabriken gab und die Fracht auf den amerikanischen Eisenbahnen zu teuer war. Ein gutes Geschäft brachte noch das Jahr 1906 durch das Erdbeben in San Franzisco. Für den Wiederaufbau wurden sehr große Mengen Zement gebraucht, die die amerikanischen Fabriken nicht liefern konnten. Das sind aber Ausnahmefälle gewesen und auch sie haben die Einfuhr nicht auf die alte Höhe zu bringen vermocht; die Tatsache bleibt bestehen, daß der Verbrauch deutschen Zements in den Vereinigten Staaten von 1900—1910 um ca. 93,04 % gefallen ist, und man muß daher befürchten, daß in nicht allzu langer Zeit der deutsche Zementexport nach Nordamerika ganz aufgehört haben wird. Außer auf dem eigenen Markte macht uns die nord-amerikanische Zementindustrie auch als Exporteur Konkurrenz. Ihre Ausfuhr betrug 1908 ca. 500 000 Faß, 1910 schon 2 475 957 Faß[1].

Um von der außerordentlich starken Zunahme des Zementverbrauchs in Nordamerika mit profitieren zu können und einen gewissen Ersatz für den Ausfall bei der Einfuhr aus Deutschland zu haben, haben zwei deutsche Portland-Zementwerke, die vornehmlich an der Ausfuhr beteiligt waren, in den Vereinigten Staaten selbst Portland-Zementfabriken errichtet, bezw. sich daran beteiligt. 1899 gründeten die Alsenschen Portland-Zementfabriken in Hamburg die Firma Alsens American Portland-Zement-Works, die bis 1907 keine Dividende zahlte. In diesem Jahre wurde sie umgebaut und ging in den Besitz der neu gegründeten Aktiengesellschaft Alsens American Portland-Zement-Works of

---

[1] Hensel, S. 11.

New-York über. Das Aktienkapital dieser Gesellschaft beträgt $ 1 200 000 prefered und ebenso viel commonshares. Davon besitzt die Hamburger Gesellschaft je $ 1 160 000. Außerdem hat sie noch 150 000 5 % first Mortage Bonds übernommen, während ebensoviel anderweitig begeben wurden. Die Produktionsfähigkeit der amerikanischen Fabrik beträgt zirka 9 000 000 Faß. Im ersten Geschäftsjahre arbeitete die neue Gesellschaft noch mit Verlust, konnte jedoch in den folgenden Jahren 1908/09 und 1909/10 die Abschreibungen verdienen; die Aussichten für die Zukunft sind günstig[1]. Ferner wurde ebenfalls 1899 in La Salle im Staate Illinois unter der Firma German-American-Portland-Zement-Works eine Portland-Zementfabrik mit einem Kapitale von $ 450 000 errichtet, wovon nur $ 60 000 in Amerika, der Rest in Deutschland begeben wurden. Die Portland-Zementfabrik Hemmoor a. d. Oste beteiligte sich daran mit $ 250 000 und übernahm außerdem noch Mortage Bonds. Die Anlage war ursprünglich auf 300 000 Faß Produktionsfähigkeit berechnet, ist jedoch inzwischen auf zirka 600 000 Faß vergrößert worden. Diese Gesellschaft konnte weit bessere Resultate erzielen als die Alsensche. Schon 1903 zahlte sie 4 % Dividende, arbeitete im nächsten Jahre allerdings mit Verlust, wurde jedoch reorganisiert und brachte in der darauffolgenden Zeit recht gute Gewinne.

Wie wir sehen, ist das Kapital dieser beiden Werke zum weitaus größten Teile in deutschem Besitz und haben die beiden deutschen Fabriken einen durchaus bestimmenden Einfluß auf sie. Wenn auch ihre Produktionsfähigkeit für deutsche Verhältnisse recht bedeutend ist, so ist sie doch im Vergleiche mit der amerikanischen Gesamtproduktion verschwindend klein, weshalb durch die beiden Werke auf diese ein merklicher Einfluß nicht ausgeübt werden kann. Immerhin machen sie den dortigen Fabriken Konkurrenz und, wie die Ergebnisse besonders des German-American-Portland-Zement-Works zeigen, auch mit Erfolg. Für die beiden beteiligten deutschen Fabriken bedeuten sie einen

---

[1] Handbuch der deutschen Aktiengesellschaften 1911/12.

gewissen Ersatz für das großenteils verloren gegangene amerikanische Geschäft, und wenn noch mehr deutsche Werke ihrem Beispiele gefolgt wären, so könnte dadurch dieser Ersatz für die deutsche Portland-Zementindustrie überhaupt geschaffen werden.

Außer nach den Vereinigten Staaten wird auch noch nach den übrigen amerikanischen Ländern viel deutscher Zement verschickt, doch macht sich gerade in letzter Zeit auch hier die Konkurrenz der Union empfindlich bemerkbar. So haben Mexiko und besonders die dortigen Eisenbahnen früher viel deutschen Zement verbraucht, heute ist die Menge schon bedeutend kleiner geworden, da Mexiko selbst Zement produziert und außerdem die Fabriken Nordamerikas durch die dortigen Banken, wenn sie als Geldgeber der mexikanischen Eisenbahnen auftreten, unterstützt werden. Südamerika importiert ebenfalls viel Zement von Deutschland, und unsere Fabriken sind eifrig bemüht, den Absatz dorthin zu vergrößern, wobei sie jedoch auch wieder schwer mit den Vereinigten Staaten zu kämpfen haben. In Brasilien haben diese in letzter Zeit eine Zollermäßigung von 20 %[1] durchgesetzt; die deutsche Einfuhr dorthin war stetig gewachsen und ist auch heute noch von Bedeutung, hat jedoch durch diesen Verzugszoll in letzter Zeit abgenommen und es steht zu befürchten, daß wir dieses Absatzgebiet ganz verlieren werden.

In Argentinien sind zwei große Zementfabriken im Bau und in Chile bestehen schon mehrere, so daß für den deutschen Export nach diesen Ländern nicht mehr viel zu erhoffen ist. Cuba geht uns ebenfalls infolge der nordamerikanischen Konkurrenz immer mehr verloren, weil diese zollfrei importieren kann, während auf dem deutschen Zement ein Zoll von 25 %[2] lastet.

Der Export nach den englischen Kolonien, der früher dank der guten Qualität der deutschen Ware zum Teil recht bedeutend war, geht auch allmählich ganz zurück, weil sie Schutzzölle eingeführt haben, dabei aber ihr Mutterland begünstigen und weil

---

[1] Hensel, S. 12.
[2] Hensel, S. 14.

in ihnen selbst Zementfabriken entstanden sind. Nach Kanada hat die deutsche Ausfuhr seit dem Zollkriege ganz aufgehört. Der Zoll beträgt für das Normalfaß 4 sh., für englischen Zement 3 sh. Die dortige Zementproduktion ist von 1903—1909 von 0,6 auf 4 Millionen Faß gestiegen. Australien war früher ein gutes Absatzgebiet für deutschen Zement. Die dortige Industrie jedoch, die in den letzten 10 Jahren entstanden ist und einen hohen Zollschutz genießt, hat die deutsche Ausfuhr stark vermindert. Besser liegen die Verhältnisse in Britisch-Indien. Hier wird zu Regierungsbauten allerdings nur englischer Zement verwendet, die Privaten beziehen jedoch viel deutschen. Dagegen ist der Verbrauch deutschen Zements in Südafrika merklich zurückgegangen. Das liegt zunächst daran, daß der Bedarf überhaupt infolge der schlechten wirtschaftlichen Verhältnisse kurz nach dem Burenkriege vorübergehend kleiner geworden ist, ferner daran, daß in Transvaal selbst eine Zementfabrik entstanden ist, und daß englischer Zement mit 1 sh. Zoll eingeführt wird, während auf deutschem 1 sh. 3 p. lasten[1]. In Ägypten wird zwar der größte Teil des Zementbedarfs durch England und Belgien gedeckt, doch ist die deutsche Einfuhr stark im Steigen begriffen; so daß dieses Land ein günstiges Ausfuhrgebiet genannt werden kann.

China und Japan, die vor nicht noch allzu langer Zeit als Absatzgebiete gewonnen wurden, bieten für die Zukunft keine guten Aussichten. In beiden Ländern sind eine Anzahl Zementfabriken errichtet worden resp. im Bau begriffen, die den europäischen Zement wohl ganz verdrängen werden.

Ein gutes Absatzgebiet ist Niederländisch-Indien. Der Verbrauch steigt und wird zum größten Teile aus Deutschland gedeckt. An der Zementeinfuhr nach Sumatra und Java hatte die deutsche Industrie bisher ebenfalls großen Anteil, doch sind jetzt dort selbst Zementfabriken entstanden, die der Einfuhr wohl Abbruch tun werden.

---

[1] Hensel, S. 14.

In unseren eigenen Kolonien ist unserer Zementindustrie in den letzten Jahren ein aussichtsreiches Absatzgebiet entstanden. Der Bedarf ist zwar heute noch nicht groß, steigt aber stetig.

Die Aussichten der deutschen Portland-Zementindustrie auf dem Exportmarkte sind also nicht gerade besonders rosig. Viele früher gute Absatzgebiete sind ihr wenigstens zum Teile verloren gegangen. Der Grund dafür liegt überall in erster Linie in dem Entstehen einer heimischen Zementindustrie, auf dem Festlande sowohl wie in den überseeischen Ländern. Die deutschen Fabriken werden also sehr viel Mühe aufwenden und mit sehr viel Schwierigkeiten kämpfen müssen, um ihrem Produkte immer wieder neue Absatzgebiete zu verschaffen, denn der Export ist für sie heute eine Lebensfrage. Der Inlandsmarkt ist schon allzu sehr belastet, und je weniger günstig die Ausfuhrverhältnisse liegen, desto dringender ist die Notwendigkeit des Zusammengehens der deutschen Fabriken. So gehört die deutsche Portland-Zementindustrie heute zu denjenigen, deren Gedeihen sich ohne eine straffe, weitverzweigte und vollständige Kartellorganisation nicht mehr denken läßt, da nur durch sie die Produktion genügend eingeschränkt, die Konkurrenz der Nachbarländer einigermaßen abgewehrt und eine Preispolitik erreicht werden kann, die keinen allzu großen Reiz zu Neugründungen gibt. Es ist zu wünschen, daß eine solche Organisation stets vorhanden sein und ihren Aufgaben voll und ganz gerecht werden wird, und daß ferner das deutsche Kapital einsichtig genug sein wird, sich nicht immer, wenn ein paarmal gute Erfolge im Zementgewerbe erzielt worden sind, gleich auf die Errichtung neuer Fabriken zu werfen, wofür heute durchaus kein Bedürfnis besteht.

Literaturverzeichnis.

Prof. F. W. Büsing und Dr. C. Schumann: Der deutsche Portlandzement und seine Anwendungen im Bauwesen. Berlin 1899.

Edmund Heysinger von Waldegg: Die Kalkbrennerei und Zementfabrikation Leipzig, 1903.

Schoch: Die moderne Aufbereitung der Mörtelmaterialien, Berlin 1904.

Goslich: Geschichte der Stettiner Portland-Zementfabrik 1855—1905.

Dr. May: Die bayerische Zementindustrie.

Mohr: Die deutsche Zementindustrie, Schmoller, Jahrbuch 1902.

Friedrich: Schlesiens Industrie unter dem Einflusse der Kaprivischen Handelspolitik 1899—1900, Berlin 1902.

Hirschfeld: Hannovers Großindustrie und Großhandel.

W. Hensel: Die Notwendigkeit eines deutschen Schutzzolles für Zement, Berlin 1911.

Jahresberichte der Handelskammern Oppeln, München, Stuttgart, Württemberg, Berlin, Cöln, Halle, Halberstadt, Stettin, Hannover, Heidelberg, Offenbach, Osnabrück, Bonn, Bielefeld, Mühlheim a. Rhein, Mühlheim a. d. Ruhr, Münster, Mainz, Mannheim, Metz, Altona, Lüneburg, Wetzlar.

Jahresberichte der Ältesten der Kaufmannschaft zu Berlin.

Jahresberichte der Vorsteher der Kaufmannschaft zu Stettin.

Das deutsche Wirtschaftsjahr 1883—1888.

Akten der Oppelner Handelskammer über Tarifierung von Zement.

Handbuch der deutschen Aktiengesellschaften.

Denkschrift über das Kartellwesen, herausg. vom Reichsamt des Innern, 1905.

Protokolle des Vereins deutscher Zement-Fabrikanten.

Tonindustriezeitung, Jahrgang 1901—1911.

Dr. S. Tschierschky, Kartellrundschau.

Tabelle I.

Anzahl der Fabriken des Vereins deutscher Portland-Zementfabrikanten, ihr Versand und ihre Produktionsfähigkeit in Millionen Faß à 170 kg netto.

Jahr	Anzahl	Versand	Produktions-fähigkeit	Jahr	Anzahl	Versand	Produktions-fähigkeit
1885	42	3,65	4,0	1898	82	13,5	14,9
1886	48	4,35	4,6	1899	86	16,2	19,5
1887	48	5,0	6,0	1900	88	18,5	23,0
1888	52	6,5	7,5	1901	93	21,9	25,5
1889	63	7,4	8,6	1902	96	20,8	25,8
1890	70	8,5	9,9	1903	96	19,4	26,0
1891	76	8,9	10,5	1904	94	20,0	26,4
1892	79	9,9	11,0	1905	93	21,1	27,4
1893	80	10,0	12,0	1906	91	23,1	30,0
1894	82	10,2	12,5	1907	87	24,6	32,4
1895	78	11,4	13,5	1908	85	26,2	36,0
1896	81	11,9	14,1	1909	89	27,9	38,0
1897	81	12,6	14,5				

Tabelle II.

Ein- und Ausfuhr von Portlandzement in Normalfaß à 170 kg netto 1885—1909.

Jahr	Einfuhr	Ausfuhr	Ausfuhr mehr	Jahr	Einfuhr	Ausfuhr	Ausfuhr mehr
1885	238 642	2 033 135	1 794 493	1898	326 582	3 245 553	2 918 971
1886	205 794	2 152 441	1 946 648	1899	372 870	3 413 265	3 040 395
1887	226 077	2 346 960	2 120 883	1900	466 488	3 531 683	3 065 195
1888	265 370	2 120 690	1 855 320	1901	513 306	3 297 420	2 784 114
1889	195 347	1 920 630	1 725 283	1902	305 988	4 116 106	3 810 118
1890	124 800	2 329 682	2 204 882	1903	293 353	4 366 947	4 073 594
1891	112 900	2 285 041	2 172 141	1904	354 047	3 736 753	3 382 706
1892	133 841	2 542 070	2 408 229	1905	871 270	3 974 708	3 103 438
1893	157 965	2 493 482	2 335 517	1906	1 253 900	3 863 277	2 609 377
1894	146 253	2 390 406	2 244 153	1907	1 420 088	4 077 458	2 657 370
1895	160 888	2 771 318	2 610 430	1908	991 201	3 110 864	2 119 663
1896	190 541	2 813 765	2 623 224	1909	1 318 695	3 600 119	2 281 424
1897	249 200	3 085 630	2 836 430				

Tabelle II a.

Ausfuhr von deutschem Zement und Einfuhr aus Europa nach Deutschland in Millionen Faß.

Jahr	Europa		Ver-einigte Staaten	Bra-silien	Argen-tinien	Chile	Mixiko	Australien, Afrika, Asien
	Aus-fuhr	Ein-fuhr						
1895	0,62	0,17	1,48	0,12	—	—	—	0,55
1896	0,72	0,19	1,16	0,17	—	—	—	0,76
1897	0,83	0,25	1,12	0,14	—	—	—	1,005
1898	1,09	0,33	1,13	0,09	0,04	—	—	0,89
1899	0,98	0,37	1,33	0,10	0,05	—	—	0,975
1900	1,0	0,47	1,15	0,12	0,07	—	—	1,185
1901	1,12	0,51	0,65	0,09	0,01	—	—	1,35
1902	1,38	0,31	1,45	0,11	0,02	0,06	0,05	1,06
1903	1,55	0,29	1,31	0,18	0,06	0,07	0,08	1,13
1904	1,67	0,36	0,56	0,25	0,04	0,09	0,06	1,07
1905	1,66	0,88	0,81	0,28	0,03	0,15	0,16	0,88
1906	1,55	1,38	0,83	0,37	0,07	0,18	0,31	0,58
1907	1,24	1,42	0,48	0,43	0,15	0,29	0,30	1,195
1908	1,29	0,99	0,18	0,49	0,08	0,20	0,23	0,62
1909	1,44	1,32	0,20	0,53	0,13	0,35	0,25	0,68
1910	1,86	1,41	0,08	0,54	0,22	0,25	0,35	0,98

Tabelle II b.

Produktion von Portlandzement in den Vereinigten Staaten.

Jahr	Millionen Faß	Jahr	Millionen Faß
1885	0,15	1898	3,70
1886	0,15	1899	5,60
1887	0,25	1900	8,50
1888	0,25	1901	12,80
1889	0,30	1902	17,15
1890	0,33	1903	22,30
1891	0,45	1904	26,40
1892	0,55	1905	35,15
1893	0,60	1906	46,50
1894	0,80	1907	48,90
1895	1,00	1908	51,00
1896	1,55	1909	61,15
1897	2,76	1910	73,00

Tabelle IIIa.
Dividenden der Aktiengesellschaften in der Portland-Zementindustrie in Prozenten 1895—1910.

Jahr	Schlesische Gruppe										
	Schles.A.-G.Portl.-Zem.-Fabrikat, Groschowitz	Oberschles. Portl.-Zem.-Fabrik, Oppeln	Oppelner Portl.-Zem.-Fabr. vorm. Grundmann, Oppeln	Portl.-Zem.-Fabr. vorm. A. Giesel, Oppeln	Schimischower Portl.-Zem.-, Kalk- u. Ziegelwerke	Oberschles. Portl.-Zem.- u. Kalk-werke, A.-G., Gr-Strehlitz	Gogolin-Gorasdzer Kalk- u. Zement-werke, A.-G., Breslau	„Silesia", Neue Oppelner Portl.-Zem.-Fabr., A.-G., Oppeln	Portl.-Zem.-Fabr. „Stadt Oppeln", A.-G., Oppeln	Oppeln-Frauen-dorfer Portl.-Zem.-Fabr., A.-G., Frau-endorf, Krs.Oppeln	Niederschles. Portl.-Zem.-Fabr., A.-G., Neukirch
1895	10½	6	7½	5½	7½	—	—	—	—	—	—
1896	13½	9	10	9	8	—	—	—	—	—	—
1897	14½	11	11	10	8	—	—	—	—	—	—
1898	17	13	13	13	10	4	—	—	—	—	—
1899	17½	13	12	13	11	4	8	—	—	—	—
1900	13	8	7	6	7	4	8	—	—	—	—
1901	6½	3	3	2	5	4	7	—	—	—	—
1902	6½	3	3½	2	5	4	8	—	—	—	—
1903	7½	6	5	4	7	5	9	—	—	—	0
1904	10½	10½	9	8	9	7	12	—	—	—	0
1905	13	14	13	12	11	9	13	—	—	—	0
1906	13½	17	14	13½	11	11	14	0	—	—	0
1907	12	17	14	12	11	9	13	0	0	—	4
1908	10	16	10	9	9	9	13	0	0	0	4
1909	5	8	5	4	6	5	12	4	0	0	0
1910	1	3	3	1	7	5	12	4	0	0	0

Tabelle IIIb.

Jahr	Stettiner Gruppe						Berliner Gruppe
	Stettiner Portl.-Zem.-Fabrik, Stettin	„Merkur", Stettiner Portl.-Zem.- u. Tonwaren-Fabr., A.-G., Stettin	Stettin-Bre-dower Portl.-Zem.-Fabrik., A.-G., Stettin	Stettin-Gistro-wer Portl.-Zem.-Fabrik. A.-G., Stettin	Pommerscher Industrie-Verein auf Aktien, Stettin	Preuß. Portl.-Zem.-Fabrik. A.-G., Neu-stadt i. W.-Ph.	„Adler", Deutsche Portl.-Zem.-Fabrik, Berlin
1895	14	0	4	8	16	2	4½
1896	17	0	7	8	16	5	8½
1897	20	0	9	8	24	5	10
1898	24	0	12½	10	31	5	14
1899	22	0	14	12	33	5	25
1900	20	0	10½	4	10	3¼	17
1901	16	0	7	0	10	0	2
1902	9	0	6	0	10	2	0
1903	10	0	7	0	12	4	0
1904	11	0	3	0	10	4½	0
1905	12	0	6	—	10	5½	3
1906	17	0	6	—	10	5½	10
1907	20	0	7	—	10	2	10
1908	17	0	6	—	12	0	10
1909	14	0	5	—	14	0	3
1910	11	0	—	—	8	0	0

Tabelle IIIc.

Jahr	Unterelbische Gruppe					
	Alseusche Portl.-Zem.-Fabriken, Hamburg	Breitenburger Portl.-Zem.-Fabrik, Lägerdorf	Portl.-Zem.-Fabrik, Hemmoor a. d. Oste	Portl.-Zem.-Fabrik vorm. Gebr. Heyn, Lüneburg	Portl.-Zem.-Fabrik „Saturn", Hamburg	Lägerdorfer Portl.-Zem.-Fabrik, Hamburg
1895	14	0	4	6	—	—
1896	16	0	6½	10½	—	—
1897	18	0	11	13	—	—
1898	21	0	15	16	—	—
1899	25	11	15	18	0	7½
1900	19	8½	10	15	0	0
1901	15	4	0	0	0	0
1902	15	0	0	0	0	0
1903	11	0	0	0	0	0
1904	6	0	0	0	0	0
1905	12	5	0	0	0	—
1906	17	12	10	5	0	—
1907	14	10	10	7	0	—
1908	9	8	4	4	0	—
1909	10	4	4	0	0	—
1910	12	0	5	0	0	—

Tabelle IIId.

Jahr	Hannoversche Gruppe									
	Hannoversche Portl.-Zem.-Fabr., A.-G., Hannover	Vorwohler Portl.-Zem.-Fabrik, Plank & Co., Hannover	Braunschweiger Portl.-Zem.-Fabr., Salder	„Teutonia", Misburger Portl.-Zem.-Werk, Hannover	Portl.-Zem.-Fabr. „Kroneberg", Misburg	Norddeutsche Portl.-Zem.-Fabr., Misburg	Portl.-Zem.-Fabr. „Germania", A.-G., Lehrte	Wunstorfer Portl.-Zem.-Werke, A.-G., Wunstorf	Portl.-Zem.-Fabr. „Alemannia", A.-G., Hoever	Portl.-Zem.-Fabr. „Drachenberg", A.-G., Walbeck
1895	—	10	0	—	—	—	—	—	—	—
1896	13	15	0	—	3	—	—	—	—	—
1897	20	18	0	0	7	—	—	—	—	—
1898	25	18	10	0	4½	—	—	—	—	—
1899	25	18	8	9	7	5	5	—	—	—
1900	20	18	5	11	0	5	15	8	—	—
1901	4	2	0	0	0	0	0	0	—	—
1902	0	4	0	4	0	0	0	0	—	—
1903	0	4	0	0	0	4	0	0	—	—
1904	4	6	0	8	0	5½	0	0	—	—
1905	4	13	0	15	0	9	0	{ 5½ / 0	—	—
1906	10	18	0	20	8	13	{ 5 / 0	8 / 0	—	—
1907	15	22	7	20	16⅔	16	8 / 2	6 / 0	—	0
1908	16	22	5	10	20	15	8 / 2	6 / 0 }	—	0
1909	10	18	2	10	10	8	5 / 0 }	5	0	0
1910	0	12	0	5	6	6	0 / 0 }	0	0	0

Tabelle III e.   93

Tabelle III e.

Jahr	Sächs.-Thüring. Portl.-Zem.-Fabr. Prüssing & Co., Komm.-Ges. a. A., Göschwitz	Portl.-Zem.-Fabr., Gößnitz i. S.-A.	Portl.-Zem.-Fabr., Halle a. S.	Bernburger Portl.-Zem.-Fabr., A.-G., Bernburg	Portl.-Zem.-Werk "Saxonia", A.-G., vorm. Laas Söhne, Glothe bei Calbe a. S.	Sächs.-Thüring. A.-G. für Kalksteinverwertung, Kösen	Anhaltische Portl.-Zem.- und Kalkwerke, Nienburg a. S.	Mitteldeutsche Portl.-Zem.-Fabr. Prüssing & Co., Komm.-Ges. a. A., Schönebeck	Portl.-Zem.-Werk, Berka a. Ilm A.-G.,	Portl.-Zem.-Werk "Schwanebeck", A.-G., Schwanebeck	Portl.-Zem.-Werke "Saale" A.-G., Granau
				Mitteldeutsche Gruppe							
1895	6½	6⅔	0	—	—	—	—	—	—	—	—
1896	10	8⅓	0	—	—	—	—	—	—	—	—
1897	10	9	5	—	—	—	—	—	—	—	—
1898	12	15	11	8	—	—	—	—	—	—	—
1899	12	20	11	8	14	9	—	—	—	—	—
1900	10	16⅔	8	4½	12	4	0	0	—	—	—
1901	0	4	0	0	3	0	0	0	0	—	—
1902	5	0	0	0	3½	0	0	0	0	—	—
1903	5	0	0	0	3	0	0	0	0	—	—
1904	8	0	1	0	5½	0	0	0	0	—	—
1905	12	4	5	3	8	0	0	—	0	—	—
1906	17	6	8	6	10	4	4	—	0	12	—
1907	18	8	11	8	11	8	8	—	0	14	—
1908	12	5	5	7	11	6	6	—	0	12½	—
1909	10	3⅓	0	0	7	2	2	—	0	7	—
1910	10	0	0	0	3½	3	3	—	0	3	0

Tabelle IIIf.

Rheinisch-Westfälische Gruppe

Werk	1895	1896	1897	1898	1899	1900	1901	1902	1903	1904	1905	1906	1907	1908	1909	1910
Rhein. Portl.-Zem.-Werke, Köln a. Rh.	—	—	—	—	—	0	0	0	0	0	0	0	3	5	6	4
Ennigerloher Portl.-Zem.- u. Kalkwerke Grimberg u. Rosenstein, A.-G., Bochum	—	—	—	—	—	—	4	0	0	0	0	5	0	0	0	0
Portland-Zement-Werk, Ruhrort	—	—	6	8	0	0	0	0	0	0	0	0	0	0	0	0
Bonner Bergwerks- u. Hüttenverein, Zem.-Fabr., Obercassel	10	12	15	16	12	—	0	0	4	10	12	17	17	15	12	—
Weseler Portl.-Zem.- u. Tonwerke, Wesel	—	—	—	—	6	8	0	0	0	0	0	0	0	0	0	0
Oem.- u. Kalkwerke „Bestwig", A.-G., Bestwig	—	—	—	—	0	0	0	0	0	0	0	0	0	0	7	0
Portl.-Zem.-Werk Höxter-Godelheim, A.-G., Höxter	0	2	5	9	12	8	0	0	0	2	0	6	6	4	0	0
A.-G. Höxtersche Portl.-Zem.-Fabr. vorm. I. H. Eichwald, Söhne, Höxter	2	5½	10	15	8	0	0	0	0	0	0	0	0	2	0	0
Portl.-Zem.-Fabr. „Westerwald", Haiger	0	0	0	0	0	0	0	0	0	0	0	0	0	0	0	0
Bremer Portl.-Zem.-Fabr. „Porta", Bremen	0	0	4½	5	7	7	0	0	0	0	0	0	10	8	5	0
Geseker Kalk- u. Zem.-Werke „Monopol", A.-G., Geseke i. W.	—	—	—	—	—	—	—	—	—	8	8	8	8	6	6	6
„Meteor", A.-G. Geseker Kalk- u. Portl.-Zem.-Werke, Geseke i. W.	—	—	—	—	—	—	0	5	0	5	0	10	6	7	5	0
Bürener Portl.-Zem.-Werke, A.-G., Büren i. W.	—	—	—	—	0	0	0	0	0	0	0	6	6	5	5	0
Lengericher Portl.-Zem.- u. Kalkwerke, Münster i. W.	—	—	0	6	8½	4	0	0	0	0	0	0	8	8	6	6
Wickingsche Portl.-Zem.- u. Wasserkalkwerke, Recklinghausen	7½	8	12	16	13	7	0	0	0	5	3	12	12	10	7	4
Lüdenscheider Portl.-Zem.-Fabr. Brügge, Brünna i. W.	0	0	0	0	0	0	0	0	0	0	0	0	0	0	0	0
Portl.-Zem.-Werke „Union", Ennigerloh	—	—	—	—	—	—	0	0	0	0	0	10	10	12	10	6
„Rhenania", A.-G., Ennigerloh b. Beckum, Portl.-Zem.-Werke	—	—	—	—	—	0	0	—	—	—	—	—	—	—	—	—
„Finkenberg", A.-G. f. Portl.-Zem.- u. Wasserkalk-Fabrikation, Ennigerloh	—	—	—	—	—	0	0	0	4	8	12	15	12	7	—	—
Portl.-Zem.- u. Kalkwerke „Anna", A.-G., Neubeckum	—	—	—	—	—	—	—	—	—	—	2½	15	15	8	5	—
Portl.-Zem.- u. Wasserkalkwerke „Mark", A.-G., Neubeckum i. W.	—	—	—	—	—	0	0	0	0	2	5	14	15	14	10	6
A.-G. für Rhein.-Westf. Zem.-Ind., Beckum i. W.	—	—	—	17	14	15	0	0	3½	7	14	18	16	12	8	7
„Westfalia", A.-G. f. Fabrikat. v. Portl.-Zem. u. Wasserkalk, Beckum i. W.	12	20	23	33	25	20	—	0	0	5	11	20	20	17	10	6

Tabelle III g.   95

Tabelle III g.

Jahr	Portl.-Zem.-Werke "Zollern", A.-G., Neubeckum	Neubeckumer Portl.-Zem.- u. Wasserkalk-Werke, A.-G., Finnentroph	"Anneliese", Portl.-Zem.- u. Wasserkalk-Werke	Portl.-Zem.-Werke "Roland", Beckum	Bayrisches Portl.-Zem.-Werk "Marienstein", A.-G., München	Portl.-Zem.-Fabrik "Berching", A.-G., Berching	Portl.-Zem.-Fabrik "Elm", A.-G., Elm	Portl.-Zem.-Fabr. Blaubeuren, Gebr. Spohn, A.-G., Blaubeuren	Oberschwäbische Zem.-Werke, Stuttgart	Zem.-Werk Diedesheim-Neckarelz, A.-G., Diedesheim	Süddeutsches Portl.-Zem.-Werk, Münsingen i. Württemberg	Württemberg. Portl.-Zem.-Werk Lauffen a. N.	Lothringer Portl.-Zem.-Werke Diesdorf i. Lothr.	Heminger Portl.-Zem.-Werk, A.-G., Saarburg	Süddeutsche Zem.-Werke, A.-G., Neunkirchen	Portl.-Zem.-Werk Rombach, A.-G.	Offenbacher Portl.-Zem.-Fabr., A.-G., Offenbach a. M.	Portl.-Zem.-Fabr. "Karlstadt", vorm. I. Roth, Karlstadt a. M.	Portl.-Zem.-Fabr. "Ingelheim a. Rh.", vorm. C. Krebs, Nieder-Ingelheim a. Rh.	Portl.-Zem.-Werke Heidelb. u. Mannheim, A.-G., Heidelberg	Mannheimer Portl.-Zem.-Fabr., Mannheim	Portl.-Zem.-Werk "Heidelberg", vorm. Schifferdecker und Söhne
1895	—	—	—	—	3½	—	—	—	—	—	—	5	5	—	—	—	0	6	—	—	12	5
1896	—	—	—	—	6	—	—	—	—	—	—	4	7½	—	—	—	0	8	6	—	13	7½
1897	—	—	—	—	6	—	—	—	—	—	—	6	10	—	—	—	3	8	6	—	16	10
1898	—	—	—	—	8	—	—	—	—	—	0	9	12½	—	—	—	4	8	0	—	16	12½
1899	—	—	—	—	9	—	—	—	—	0	0	9	14	—	6½	0	5	8	0	—	15	14
1900	—	—	—	—	8	—	—	—	12	0	4½	9	14	—	4	0	6	8	0	14	—	—
1901	—	—	—	—	4	—	—	—	10	0	5	9	8	0	0	0	0	4	0	8	—	—
1902	—	—	—	—	0	—	—	—	8	0	4	5	5	0	0	0	0	4	0	5	—	—
1903	—	—	—	—	3	—	—	—	9	0	5	5	5	0	0	0	0	4	0	5	—	—
1904	—	—	—	—	5	—	—	6	14	0	5	3	5	4	0	0	0	4	0	5	—	—
1905	—	—	—	—	6	—	—	10	—	2½	6	1	7	3	0	5	0	7	0	7	—	—
1906	—	—	—	—	6	0	—	14	—	8	8	2	8	5	2	8	0	9	—	8	—	—
1907	—	—	—	—	6	0	—	14	—	12	3	2	9	5	5	10	0	12	—	9	—	—
1908	0	—	—	—	6	0	0	13	—	12	3	0	9	5	6	6	0	12	—	9	—	—
1909	4	0	0	0	4	0	0	10	—	12	3	4	—	3	3	8	0	8	—	—	—	—
1910	5	0	0	0	3	0	0	6	—	5	3	6	5	4	3½	5	0	5	—	5	—	—

T a -

Anzahl und Dividenden der deutschen Portland-

Jahr	Stettiner Gruppe						Schlesische Gruppe						Berliner Gruppe						Mitteldeutsche Gruppe						Unterelbische Gruppe					
	Zahl der A.-G.	davon % Dividende					Zahl der A.-G.	davon % Dividende					Zahl der A.-G.	davon % Dividende					Zahl der A.-G.	davon % Dividende					Zahl der A.-G.	davon % Dividende				
		0	1—5	6—10	11—20	über 20		0	1—5	6—10	11—20	über 20		0	1—5½	6—10	11—20	über 20		0	1—5	6—10	11—20	über 20		0	1—5	6—10	11—20	über 20
1895	6	1	2	1	2	—	5	—	1	4	—	—	1	1	—	—	—	—	3	1	—	2	—	—	4	1	1	1	1	—
1896	6	1	1	2	2	—	5	—	—	4	1	—	1	—	—	1	—	—	3	1	—	2	—	—	4	1	—	2	1	—
1897	6	1	1	2	1	1	5	—	—	2	3	—	1	—	—	1	—	—	3	—	1	2	—	—	4	1	—	—	3	—
1898	6	1	1	1	1	2	6	1	1	4	—	—	1	—	—	—	1	—	4	—	—	1	3	—	4	1	—	—	2	1
1899	6	1	1	—	2	2	7	1	1	5	—	—	1	—	—	—	—	1	6	—	—	2	4	—	6	1	—	1	3	1
1900	6	1	2	1	2	—	7	—	1	5	1	—	1	—	—	—	1	—	8	2	2	2	2	—	6	2	—	2	2	—
1901	6	3	—	2	1	—	7	—	—	5	2	—	1	1	—	—	—	—	9	7	2	—	—	—	6	4	1	—	1	—
1902	6	2	1	3	—	—	7	—	—	5	2	—	1	1	—	—	—	—	9	7	2	—	—	—	6	5	—	—	1	—
1903	6	2	1	2	1	—	8	1	3	4	—	—	1	1	—	—	—	—	9	7	2	—	—	—	6	5	—	—	1	—
1904	6	2	2	1	1	—	8	1	—	6	1	—	1	1	—	—	—	—	9	6	2	1	—	—	6	5	—	1	—	—
1905	5	1	1	2	1	—	8	1	—	1	6	—	1	1	—	—	—	—	8	3	3	1	1	—	5	3	1	—	1	—
1906	5	1	1	2	1	—	9	2	—	—	7	—	1	—	—	1	—	—	9	1	2	4	2	—	5	1	1	1	2	—
1907	5	1	1	2	1	—	10	2	1	1	6	—	1	—	—	1	—	—	9	1	—	4	4	—	5	1	—	3	1	—
1908	5	2	—	1	2	—	11	3	1	5	2	—	1	—	—	1	—	—	9	1	2	3	3	—	5	1	2	2	—	—
1909	5	2	1	—	2	—	11	3	5	2	1	—	1	1	—	—	—	—	9	3	3	3	—	—	5	2	2	1	—	—
1910	5	3	—	1	1	—	11	3	6	1	1	—	1	1	—	—	—	—	10	5	4	1	—	—	5	3	1	—	1	—

[1] Vorzugsaktien.   [2] Bei 1 A.-G. Vorzugsaktien.

Tabelle V.

Das Ergebnis der Jahre 1900—1902 bei 68 deutschen Portland-Zementfabrik-Aktiengesellschaften.

Name der Aktiengesellschaft	Aktien-kapital	Anleihe in Millionen Mark	Dividende			In 1902	
			1900	1901	1902	Gewinn	Verlust
Bürener Portl.-Zem.-Fabr. .	1,4	0,3	0	0	0	—	24 855
Union, Ennigerloh.	1,0	—	—	0	0	—	94 477
Gößnitz	0,45	—	16²/₃	4	0	—	11 708
Westerwald, Haiger	0,581	0,265	0	0	0	—	5 091
Lägerdorfer P.-Z.-F., Hamburg	1,4	1,2	0	0	0	—	156 116

belle IV.

Zementfabrik-Aktiengesellschaften 1895—1910.

Hannoversche Gruppe						Rheinisch-Westfälische Gruppe						Süddeutsche Gruppe						Deutschland im ganzen						Jahr
Zahl der A.-G.	0	1—5	6—10	11—20	über 20	Zahl der A.-G.	0	1—5	6—10	11—20	über 20	Zahl der A.-G.	0	1—5	6—10	11—20	über 20	Zahl der A.-G.	0	1—5	6—10	11—20	über 20	
2	1	—	1	—	—	8	4	1	2	1	—	7	1	4²	1	1	—	36	9	10	12	5	—	1895
4	1	1	—	2	—	9	4	2	1	2	—	7	1	—	5²	1	—	39	9	4	17	9	—	1896
5	2	—	1	2	—	10	3	2	2	2	1	8	—	1	6²	1	—	42	7	5	16	12	2	1897
5	1	1	1	1	1	11	2	1	3	4	1	9	1	1	4²	3	—	46	6	5	11	19	5	1898
7	—	2	3	1	1	16	7	—	3	5	1	10	3	1	3²	3	—	59	12	5	13	23	6	1899
8	1	2	1	4	—	19	9	2	5	3	—	11	3	2²	4	2	—	66	16	11	20	17	—	1900
8	6	2	—	—	—	21	21	—	—	—	—	13	5	5²	2	1	—	71	46	16	6	3	—	1901
8	6	2	—	—	—	20	20	—	—	—	—	13	7	5²	1	—	—	70	48	15	6	1	—	1902
8	6	2	—	—	—	20	18	2²	—	—	—	13	6	6²	1	—	—	71	46	16	7	2	—	1903
8	4	2	2	—	—	21	12	7³	2	—	—	14	6	6	2	—	—	73	37	19	15	2	—	1904
8	3	2²	1	2	—	22	11	5³	4²	2	—	14	3	4²	6	1	—	71	25	17	15	14	—	1905
8	1	1¹	3	3	—	22	8	2²	5²	7	—	14	3	2	8²	1	—	73	17	9	24	23	—	1906
9	1	—	3³	4	1	22	7	1	8²	7	—	13	2	3	5²	3	—	74	15	6	27	26	1	1907
9	1	1	3³	3	1	23	6	3²	8²	6	—	14	3	2	6²	3	—	77	17	11	29	19	1	1908
10	2	3²	4	1	—	25	11	5	8	1	—	14	5	4	4²	1	—	80	28	24	22	6	—	1909
10	6	1	2	1	—	25	16	2	6	1	—	14	3	9	2	—	—	81	40	23	13	5	—	1910

³ Bei 2 A.-G. Vorzugsaktien.

Tabelle V (Fortsetzung).

Name der Aktiengesellschaft	Aktienkapital	Anleihe in Millionen Mark	Dividende			In 1902	
			1900	1901	1902	Gewinn	Verlust
Hannoversche P.-Z.-F., Misburg	1,6	1,4195	20	4	0	—	127 725
Rheinische P.-Z.-We., Köln	2,34	1,6	0	0	0	—	428 092
Rombach	1,5	—	0	0	0	22 004	—
Ruhrort	0,75	—	0	0	0	—	128 949
Heminger P.-Z.-F., Saarburg	1,2	—	—	0	0	2 293	—
Weseler P.-Z.-We.	2,0	0,4	8	0	0	—	383 905
Westfalia, Beckum	1,0	—	20	—	—	—	78 562

Tabelle V (Fortsetzung).

Name der Aktiengesellschaft	Aktien-kapital	Anleihe in Millionen Mark	Dividende			In 1902	
			1900	1901	1902	Gewinn	Verlust
Berka a. d. Ilm	1,1	—	—	0	0	—	123 142
Adler, Berlin	4,0	2,5	17	2	0	—	194 458
Stettin-Gistrow	1,5	1,7	4	0	0	—	90 454
Grimberg und Rosenstein, Ennigerloh	2,5	—	4	0	0	—	60 704
Porta, Bremen	1,275	0,48	7	0	0	—	98 978
Diedesheim-Neckarelz	2,4	—	0	0	0	—	551 597
Finkenberg, Ennigerloh	1,0	—	—	0	0	—	7 718
Meteor, Geseke	1,3	0,6	0	0	0	—	59 359
Sächs.-Thür. P.-Z.-F., Göschwitz	1,25	0,3105	10	0	5	69 330	—
Schles. P.-Z.-F., Groschowitz	3,75	—	13	6¹/₂	6¹/₂	270 178	—
Oberschles. P.-Z.-F., Gr.-Strehlitz	1,5	0,5	4	4	4	74 740	—
P.-Z.-F. Halle a. S.	1,25	—	8	0	0	—	19 834
Alsen, Hamburg	8,0	3,893	19	15	15	1 784 648	—
Saturn, Hamburg	2,0	—	0	0	0	—	599 141
Norddeutsche P.-Z.-F., Misburg	1,8	0,9	5	0	0	40 426	—
Teutonia, Misburg	2,2	1,4	11	0	4	312 789	—
Plank & Co., Vorwohle	1,564	1,0478	18	2	4	88 916	—
Heidelberg-Mannheim	11,0	1,122	8	6	4	775 066	—
Hemmoor	5,4	1,3636	10	0	0	180 468	—
Saxonia, Glöthe	2,0	—	12	3	3¹/₂	97 035	—
Eichwald, Höxter	1,0	0,528	8	0	0	—	127 027
Höxter-Godelheim	1,2	0,4735	8	0	0	—	111 362
P.-Z.-F. i. Kösen	2,0	0,2	4	0	0	—	291 560
L. Roth, Karlstadt	3,5	—	8	4	4	246 796	—
Breitenburger P.-Z.-F.	2,5	1,16	8¹/₂	4	0	812	—
P.-Z.-F. i. Lauffen a. N.	2,6	1,03	{5 5 5	5 3	1 1}	11 664	—
Germania, Lehrte	8,5	7,25	0	0	0	—	784 249
Heyn Gebr., Lüneburg	1,54	0,719	15	0	0	—	51 771
Lothringer P.-Z.-We., Metz	2,5	0,25	14	8	5	165 541	—
Marienstein	1,0	—	8	4	0	—	21 250
Münsingen	0,8	0,63	4¹/₂	5	4	80 522	—
Mark, Neubeckum	2,25	—	0	0	0	—	94 561
Neunkirchen	0,7	0,35	6¹/₂	4	0	—	35 041
Preuß. P.-Z.-F., Neustadt	0,7	0,1965	3¹/₂	0	2	33 385	—
Krebs, Ingelheim	1,75	—	0	0	0	—	93 589
Anhalt. P.-Z.-F., Nienburg	0,48	0,125	0	0	0	—	11 547
Bonner B. u. H.-V., Obercassel	1,702	—	12	0	0	—	192 200
Offenbach	1,0	0,86	6	0	0	27 753	—
Oberschles. P.-Z.-F., Oppeln	3,0	0,28	8	3	3	114 809	—
Grundmann, Oppeln	3,0	0,88	7	3	3¹/₂	119 948	—
Giesel, Oppeln	1,8	—	6	2	2	41 237	—
Wicking, Recklinghausen	4,5	0,188	7	0	0	—	33 248

Tabelle V.   99

Tabelle V (Fortsetzung).

Name der Aktiengesellschaft	Aktienkapital	Anleihe in Millionen Mark	Dividende			In 1902	
			1900	1901	1902	Gewinn	Verlust
Braunschw. P.-Z.-F., Salder	0,636	0,2955	5	0	0	—	40 623
Schimischow	2,5	—	7	5	5	173 794	—
Mitteld. P.-Z.-F., Schönebeck	1,8	—	0	0	0	—	157 900
Stettin-Bredow	1,2	—	10¹/₂	7	6	115 736	—
Oberschwäbische P.-Z.-We., Stuttgart	1,3	—	16	12	10	356 562	—
Wunstorf	1,5	1,0	8	0	0	—	209 917
Stettiner P.-Z.-F., Stettin .	1,575	2,086	10	10	10	144 785	—
Gogolin-Gorasdze	2,1	—	8	7	8	216 453	—
Lengerich, Münster	1,5	0,6	4	0	0	—	102 947
Bernburger P.-Z.-F.	1,4	0,492	4¹/₂	0	0	—	211 962
Pom. Ind.-Verein	1,902	2,086	10	10	10	432 400	—
Rhein.-Westfäl. Zem.-Ind., Beckum.	1,2	0,291	15	0	0	—	16 166
Lüdensch. P.-Z.-F., Brügge	0,95	0,575	0	0	0	—	—
P.-Z.-F. i. Bestwig	1,250	0,352	0	0	0	—	96 450
In Summa 68 Werke:	140,845	43,8979				6 010 758	5 927 235

MIX
Papier aus verantwortungsvollen Quellen
Paper from responsible sources
FSC® C105338

Printed by Libri Plureos GmbH
in Hamburg, Germany